财经法治

中证中小投资者服务中心系列丛书
China Securities Investor Services Center

持股行权纠纷调解案例评析

2022年

夏建亭◎主编

Cases Review of Shareholding for Voting Program and Dispute Mediation

法律出版社
LAW PRESS·CHINA
北京

图书在版编目(CIP)数据

持股行权、纠纷调解案例评析. 2022年 / 夏建亭主编. -- 北京 : 法律出版社, 2022

ISBN 978-7-5197-7333-5

Ⅰ. ①持… Ⅱ. ①夏… Ⅲ. ①股权-经济纠纷-案例-中国 Ⅳ. ①D922.291.915

中国版本图书馆CIP数据核字(2022)第226707号

持股行权、纠纷调解案例评析(2022年)

CHIGU XINGQUAN、JIUFEN TIAOJIE ANLI PINGXI (2022 NIAN)

夏建亭 主编

策划编辑 陈 妮

责任编辑 陈 妮 黄 筝

装帧设计 李 瞻

出版发行 法律出版社

编辑统筹 法治与经济出版分社

责任校对 王 丰

责任印制 吕亚莉

经　　销 新华书店

开本 710毫米×1000毫米 1/16

印张 14 **字数** 240千

版本 2022年12月第1版

印次 2022年12月第1次印刷

印刷 固安华明印业有限公司

地址:北京市丰台区莲花池西里7号(100073)

网址:www.lawpress.com.cn

投稿邮箱:info@lawpress.com.cn

举报盗版邮箱:jbwq@lawpress.com.cn

销售电话:010-83938349

客服电话:010-83938350

咨询电话:010-63939796

书号:ISBN 978-7-5197-7333-5

定价:76.00元

凡购买本社图书,如有印装错误,我社负责退换。电话:010-83938349

持股行权、纠纷调解案例评析

Cases Review of Shareholding for Voting Program and Dispute Mediation

总　序

2018年金秋，中证中小投资者服务中心（以下简称投服中心）主编的“投服中心系列丛书”终于与大家见面了。投服中心是中国证监会直属的证券金融类公益机构，成立以来，不忘初心，始终坚守保护中小投资者合法权益的使命，积极探索投资者保护新路径，努力引导投资者理性投资、全面知权、积极行权、依法维权。“投服中心系列丛书”的出版是对“知权、行权、维权”工作的一个总结，希望借此契机凝聚一批法学学者、市场实务人士等专家对资本市场的热点难点问题进行长期探讨研究。

自2014年成立以来，投服中心在中国证监会党委的领导和部署下，在证监会投资者保护局的指导和相关部门、各派出机构的支持下，在证监会系统兄弟单位和社会各界的大力支持下，从中小投资者权益保护和救济诉讼的实际需求出发，创新了一套适合我国资本市场中小投资者保护的机制和实现路径——以投资者教育工作为基础，通过事前持股行权、事中纠纷调解、事后支持诉讼来切实维护广大中小投资者的合法权益。投资者是资本市场发展的重要基石；培育良好的投资者群体，保护好广大中小投资者合法权益，是促进资本市场健康发展的重要一环，直接关系维护社会的公平正义，直接关乎亿万人民群众的切身利益。但中国资本市场的中小投资者既是数量上的多数，又是专业知识、投资理念、维权能力等方面的“弱势少数”，因此，中小投资者的合法权益时常受到漠视甚至侵害。长期以来，中小投资者权益的保护问题既是资本市场的一个宏观问题，又是要落实到每位投资者身上的微观问题。如何从立法层面更细致地规定中小投资者保护的内容，形成法律、行政法规、部门规章及操作性指引；如何从司法层面推动示范判决制度、探索强制调解机制等制度的建设；如何从监管层面创新机制，加大对侵害中小投资者合法权益的违法违规行为的打击和惩罚力度,更多地保护中小投资者的合法权益;如何帮助中小投资者树立权利意识,建立长期投资、价值投资理念,强化风险意识,提高维权能力。这些问题的解决都不是一蹴而就的,我们需要扎根于中国资本市场的土壤,需要政策、法律的研究,需要投保机制的创新,需要与广大中小投资者面对面的交流。为此,投服中心出版系列丛书,以投服中心工作为蓝本,研究了一些热点问题,探索了一条"投服模式"的投资者保护道路,积累了一些经验分享给读者。

"投服中心系列丛书"由《投资者权益知识读本》《重大资产重组行权案例评析》《纠纷调解案例评析》《支持诉讼维权案例评析》《投服研究》等书组成。其中《投资者权益知识读本》登载的"权益360"系列文章,根据我国资本市场和广大投资者的实际情况,接地气、聚人气,本着知识性、实用性、趣味性的宗旨,为投资者普及权益知识。《重大资产重组行权案例评析》《纠纷调解案例评析》《支持诉讼维权案例评析》汇集了投服中心持股行权、纠纷调解及支持诉讼工作中具有代表性的实际案例,旨在进一步发挥投服中心示范引领作用,唤醒广大中小投资者的股东意识,督促上市公司提高依法运营水平,进一步探讨在全国范围内建立调解合作、小额速调、诉调对接、证券支持诉讼示范判决等机制。《投服研究》选取了投服中心课题中较突出的研究报告,包含对投资者交易行为、上市公司章程反收购条款效力、证券市场投资者保护条例等一系列资本市场热点、难点问题的研究。"投服中心系列丛书"综合了普及性、专业性及学术性的特点,面向广大投资者、上市公司及专家学者等群体,期望与其共同推动中小投资者权益保护工作。

我们希望,"投服中心系列丛书"是一涓细流,能不断汇集中国资本市场土壤上的经验与创新机制,不断丰富学术理论,不断普及权益知识。我们相信,中国中小投资者保护事业能在资本市场各方的努力下,共同谱写新的篇章。

2018年8月

前　言

本书由持股行权和纠纷调解两部分组成:

一、持股行权

截至2021年年底,中国资本市场上市公司数量已突破4600家,总市值增至98.83万亿元,投资者数量已破2亿,其中九成以上是中小投资者。如何能够既发挥好融资功能,通过提高上市公司质量更好地助力实体经济,又保护好中小投资者合法权益,切实增强投资者参与资本市场的获得感,一直是资本市场的一大重要课题。广大投资者参与资本市场的最终目的是获得投资收益,而让绝大多数投资者获得收益的前提是上市公司价值不断增长,这就要求上市公司必须做好两方面工作:一方面,要持续做好价值创造;另一方面,要确保公司治理能够为价值创造活动保驾护航。任何不利于上市公司资产保值增值的价值创造活动以及不规范的公司治理都是广大中小投资者的利益"痛点"。

2021年,投服中心站稳人民立场,持续关注上市公司资产的保值增值和公司治理规范,积极切入公司治理,推动提升上市公司质量。从广大中小投资者的利益"痛点"出发,示范引领投资者积极行权。一是准确把握提炼具有类案意义的事项,开展集中行权;二是聚焦个案的利益"痛点",开展专项建议和质询;三是落实2019年《证券法》职责,提起首单股东权利公开征集。年内累计行权49场,其中日常个案行权104场、公司章程专项行权138场、业绩说明会专项行权206场、公开征集股东权利1场;累计行使股东权利509次,其中建议权217次、质询权290次、表决权1次、联合代表1/10以上表决权的股东提请公司召开董事会临时会议1次。

投服中心从 2021 年数百个行权案例中,挑选出 19 个重点案例,编撰形成了本书持股行权部分。19 个案例覆盖了参加股东大会、媒体说明会、网上行权、公开发声、股东函件等 5 大类行权类型,内容涉及上市公司违规担保、资金占用、承诺不履行、业绩断层等侵害中小投资者合法权益的行权关注点,详细解析了投服中心采取的行权措施,编撰成册与广大投资者分享,旨在唤醒投资者的股东权利意识,示范引领广大中小投资者积极行权,维护自身合法权益,助力上市公司健康发展。

二、纠 纷 调 解

我国资本市场拥有全球规模最大、交易最活跃的投资者群体,他们始终与中国资本市场共担风雨、共同成长。其中,中小投资者居多,他们的风险识别和自我保护能力较弱,加之多层次资本市场快速发展、规模不断扩大、新业务大量增加,投资者与市场主体之间的纠纷持续增多。一方面,投资者的纠纷解决路径囿于向监管部门提起投诉,希望以行政力量介入来解决民事纠纷,然而这一方式不仅面临监管资源有限的问题,更受制于监管部门无法律依据直接处理民事纠纷的事实;另一方面,投资者如通过诉讼、仲裁解决纠纷的,则存在门槛高、成本高、耗时长、维权难的问题。可见,以调解方式化解证券期货市场纠纷既促进了监管转型也节约了司法资源、提高了解纷效率,能有效保护投资者特别是广大中小投资者的合法权益。

中证资本市场法律服务中心有限公司(以下简称中证法律服务中心)作为经中国证监会批准设立的、我国唯一跨区域跨市场的全国性证券期货纠纷公益调解机构。自揭牌成立以来,中证法律服务中心不忘初心,资本市场纠纷化解主渠道地位进一步巩固:一是通过明确受理范围、提高征询效率等方式提升纠纷受理能力和质量,全面承接资本市场纠纷;二是坚持做好调解主业,通过科技赋能以推进在线调解及“总对总”在线诉调对接,方便投资者依法维权;三是全面铺开损失测算,提升科学化解纠纷水平。值得一提的是,中证法律服务中心积极贯彻落实中国证监会与最高人民法院《关于全面推进证券期货纠纷多元化解机制建设的意见》,与全国 93 家高中级人民法院签署诉调对接合作协议,实现全国 36 个辖区全覆盖,推动上市公司虚假陈述纠纷等涉众型纠纷通过该机制实现标准化委托委派,纠纷化解质效不断提升。此外,中证法律服务中心依托自身开发的损失计算系统,与各地法院全面构建"损失计算＋示范判决＋纠纷调解"的上市公司虚假陈述纠纷化解全链条工作机制,显著提升该类纠纷的调解效率,有效维护了中小投资者的合法权益。

截至2022年年底,中证法律服务中心共登记纠纷2.3万余件,受理约1.7万件,调解成功约1.2万件,争议金额约95亿元,投资者获赔30余亿元,资本市场调解主渠道地位进一步巩固。本书纠纷调解部分选取了近年来在调解工作开展过程中比较典型的案例进行剖析研究,旨在通过案例分析来阐明法律适用、剖析交易规则、交流调解技巧、提示投资风险等。案例类型涵盖证券纠纷、基金纠纷、期货纠纷、上市公司虚假陈述纠纷等各领域,希望对中小投资者维权、经营主体规范经营以及今后的纠纷调解工作起到一定的借鉴作用。

由于编者水平有限,本书难免出现错漏之处,敬请各位读者、同行及专家批评指正。

目　　录

持股行权案例评析

纠纷调解案例评析

第一篇 证券专题

第二篇 基金专题

持股行权案例评析

案例1　S公司关联交易收购控股股东资产

2021年9月,S公司公告拟用1.32亿元人民币收购其控股股东H集团全资子公司M公司持有的M1及X1两个车型的无动力车身资产,用于开发生产微型纯电动轿车及SUV。此次交易构成关联交易,不构成重大资产重组,已经S公司董事会审议通过。上海证券交易所(以下简称上交所)对此次收购发出了问询函。

一、案例简介

(一)上市公司基本情况

S公司于2000年在上交所上市,主营业务分为轻型车业务、商用车业务和车桥等汽车零配件业务三大板块。公司轻型车主要以皮卡为主,同时布局欧系轻客、皮卡及轻客新能源。公司的商用车主要以大中型客车为主,产品覆盖公交、客运、旅游租赁、团体通勤、校车等细分用途市场。2021年三季报显示,S公司实现营业收入19.25亿元,同比增长46.92%,扣非归母净利润为-2.20亿元,同比减少58.35%。

(二)关联交易精要

1.标的资产情况

(1)本次收购的M1和X1两个车型为于2008~2012年开发上市的小型经济型燃油车,由于两款车型停产时间较长,目前无法查到当时相应的官方生产、销售数据及具体停产日期。尽管两款车型已停产多年,但M公司未对本次交易的相关资产计提资产减值,至回复问询函日,S公司暂不知晓具体原因。(2)当前市场上与本次收购的两款车型同级别A00车型众多,新能源乘用车车型的销量集中度较高,由于公司新能源乘用车品牌知名度相对较低,本次收购的两款车型在后续量产后可能因汽车消费市场变化和国家政策变化存在市场开拓不及预期、竞争力不足的风险。(3)本次收购的相关固定资产形成时间较长,整车仅进行过小批量试制。至回复公告日,公司仅通过现场对M公司的试制零部件和线上装配整车进行检查,尚未聘请第三方机构进行生产性能检验,且相关主要固定资产目前存放在S省,后续尚需搬至公司据实际情况确定的生产基地后方可用于生产。本次收购的相关资产最终能否实现正常生产、能否符合质量标准要求,存在一定不确定性。(4)关于本次收购的两个车型的相关无形资产包括28项专利,目前有11项外观设计专利和4项实用新型专利到期失效,尚未到期的专利共计13项,相关未到期专利申请时间均为2009~2014年,其中有12项专利仅享有非独占排他许可权,公司对相应专利技术不享有独占的使用权利。(5)S公司目前不具备新能源乘用车三电系统的开发生产能力,主要从供应商处采购,最后进行集成安装,因此在三电系统方面存在技术创新不足、产品集成有效性可能不及预期的风险。目前公司未对公司已有生产线进行适应性调整,未对供应商体系与售后服务体系进行升级以及对相关人员进行补充,上述相关安排后续能否顺利实施存在一定不确定性。(6)新能源乘用车领域并非S公司目前的主营业务领域,S公司在新能源乘用车领域的经验仍有不足,品牌优势相对较弱,相应技术与人才储备不够充分,现有的新能源乘用车销售网络仍需继续扩充、完善,S公司后续能否顺利进入新能源乘用车领域、拓展新能源乘用车业务以及相关计划安排能否顺利实施存在一定不确定性。(7)S公司前期聘请了第三方评估机构Z资产评估有限公司对本次收购的资产进行评估,但该评估机构暂不具备从事证券服务业务资格。截至回复问询函日,公司已聘请具有从事证券业务资格的资产评估机构D资产评估有限公司就本次交易资产进行二次评估,公司将综合考虑两次评估结果,以两次评估结果的较低值作为最终评估值,确定本次交易的最终价格。(8)截至回复问询函日,S公司本年度尚未生产新能源乘用车,根据《道路机动车辆生产企业及产品准入管理办法》相关规定,如果公司第二年仍未正常生产经营,汽车产业主管部门可能将对公司予以特别公示,在公示期间不予办理准入变更。(9)公开数据显示,截至2020年11月26日,S公司控股股东H集团及其一致行动人已累计质押、司法冻结其所持有的全部S公司股份,直接负债逾期金额合计约38.22亿元,公司控股股东资金流紧张,质押率较高,相关资产是否能顺利交割存在不确定性风险。

2. 交易价格

据《资产收购协议》,本次交易协定金额1.323亿元,占公司最近一期经审计净资产的4.47%,已接近当时《上海证券交易所股票上市规则》中“占公司最近一期经审计净资产5%”这一应当提交股东大会审议的标准。

二、案例分析

(一)行权过程

由于本次拟行权事项涉及联合其他股东共同行权,且情况非常复杂,投服中心按规定于2021年11月26日召开了行权立项会。经立项会研究,投服中心认为S公司此次关联交易存在损害上市公司利益的风险,根据《中华人民共和国公司法》(以下简称《公司法》)第110条第2款以及《S公司章程(2020年12月修订)》第115条的规定①,决定采取联合公司代表1/10以上表决权的股东,提请S公司召开董事会临时会议审议提案的方式行权。

为了联合其他股东就本次行权尽快达成一致意见,中证中小投资者服务中心(以下简称投服中心)依据《投资者保护机构业务指引》(证监办发〔2021〕38号)的相关规定,请求中国证券登记结算公司上海分公司协助提供了S公司当日持股日前100名的股东名册,及时与公司持股比例较高的股东取得了联系。经沟通协商,Z公司、于某、姜某飞、L集团等4名股东同意与投服中心联合行权,共同起草了《关于提请S公司召开临时董事会的函》,并附《关于将关联交易提交股东大会审议的议案》。2021年12月6日,投服中心通过电子邮件将上述函件送达公司,并请公司依法依规及时召开临时董事会审议所附提案。2021年12月7日,公司公告将按照有关规定及时处理股东提案并进行信息披露。

(二)行权分析

S公司回复问询函后,上海证券交易所向S公司发出监管函指出,“本次交易涉

① 《公司法》第110条第2款规定:“代表十分之一以上表决权的股东、三分之一以上董事或者监事会,可以提议召开董事会临时会议。董事长应当自接到提议后十日内,召集和主持董事会会议。”《S公司章程(2020年12月修订)》第115条规定:“代表1/10以上表决权的股东、1/3以上董事或者监事会,可以提议召开董事会临时会议。董事长应当自接到提议后10日内,召集和主持董事会会议。”

及的两款车型已停产多年,后续产品竞争力不明,相关固定资产形成时间较长,后续能否实现正常生产存在不确定性,本次关联方收购存在损害上市公司利益的风险",同时,上交所提出如下监管要求:一是"S公司应当召开投资者说明会,就本次交易的具体情况向投资者进行充分说明";二是"S公司应当按照审慎性原则,论证研究将本次关联交易提交股东大会进行审议的必要性";三是"S公司及全体董事、监事和高级管理人员应当勤勉尽责,审慎评估本次交易的合理性、必要性,认真检查相关资产的完整性、可用性,进一步核实本次交易价格的公允性,充分听取并尊重中小投资者的意见,谨慎判断是否继续推进本次交易,切实维护上市公司和全体股东利益"。

截至2021年11月25日,S公司对上海证券交易所监管函仍未予回应。投服中心了解到,S公司已在《资产收购协议》签订后5个工作日内向M公司支付了50%的价款(人民币6615万元),并将于2021年12月25日前支付剩余的50%价款。经讨论,投服中心判断S公司大概率不会按照监管建议将此次交易提交股东大会审议。由于此次交易存在较多不确定性和风险因素,对公司影响较为重大,投资者关注度较高,投服中心开展联合行权,建议公司审慎对待本次收购十分必要。

(三)行权结果

在上海证券交易所的督促下,2021年12月9日,S公司披露,在董事会等相关方作出是否将关联交易事项提交股东大会审议最终决定之前,S公司暂不履行与M公司签订的《资产收购协议》,协议中约定的"在2021年12月25日前支付剩余的50%价款的义务"也暂停不履行。

2021年12月16日,S公司披露临时董事会决议。临时董事会经表决,5名非关联董事中有3名反对,未通过提议所附的《关于将关联交易提交股东大会审议的议案》。同时,S公司董事长提出了多点意见,并说明将在本次董事会后30日内召开线上线下结合的投资者说明会。同日,S公司披露《关于关联交易购买资产的进展公告》。2021年12月15日,S公司与M公司签订了《资产收购协议》之补充协议,对交易终值的确定、《资产收购协议》折减费用的用途、第二期价款支付、固定资产的盘点确认、无形资产确权、违约责任及协议解除条件、协议组成及生效等7项内容进行了详细的补充约定。其中主要内容包括,双方协商同意采用"延期付款"的方式完成尾款支付,并同时满足以下条件:"1. 待第三方评估机构正式出具乙方转让的全部资产的评估价值结论后,甲乙双方依据约定合理确定资产转让总价款;2. 乙方将全部转让资产交付予甲方,并经甲方确认全部资产可达到正常使用状态;3. 甲方将购买乙方的资产投入生产使用并于完成生产上市第 1 辆车后的 12 个月后付清应付未付尾款。"总体来看,《资产收购协议》之补充协议的签订完善了 S 公司在交易中享有的合法权利。

2022 年 1 月 14 日,在 S 公司通过"上证 e 互动平台"在线上和线下同时召开了关于购买资产的投资者说明会后,投资者仍然对本次交易存在异议。2022 年 1 月 27 日,出于对本次交易的反对及管理层的不满,公司持股 10% 以上股东向公司以书面的形式提出请求公司召开临时股东大会,并提出了终止本次交易以及更换公司董事、监事等多项议案;后续,提案股东又按法定流程自行召集并主持了股东大会将其所提议案表决通过。但由于公司和提案股东方对提案股东自行召集的股东大会决议效力存在争议,双方后续将通过法律途径解决争端。

案例2　A公司以支付现金方式收购某制药公司100%股权

2021年11月9日,A公司发布了《关于收购某制药公司100%股权暨关联交易的公告》(以下简称《交易公告》),拟以自有资金20,500.00万元收购某合伙企业及实控人关联公司合计持有的某制药公司100%的股权。本次交易前,A公司作为某合伙企业的有限合伙人,持有某合伙企业39.8406%的股权,从而间接持有某制药公司部分股权,本次交易完成后,某制药公司将成为A公司全资子公司。

一、案例简介

(一)上市公司基本情况

A公司成立于1999年2月13日,于2004年7月15日在深圳证券交易所原中小板上市交易。发布《交易公告》时,A公司股价为8.6元/股,总股本为905,318,938股,总市值77.857亿元。在本次交易前,A公司控股股东和实际控制人均为吕某,与一致行动人合计持股比例为34.66%。

公司主营业务涵盖化学制剂,传统中药,生物制剂,化学原料药,医疗器械的研发、生产及销售;主要产品包括心脑血管药物、神经系统药物、消化系统药物、他汀类原料药、精神类原料药、喹诺酮类抗感染原料药等。其最近3年的财务状况和经营成果如表1-2-1所示。

表 1－2－1　A 公司基本财务指标

单位：万元

项目	2021 年	2020 年	2019 年
总资产	641,536.52	566,624.7	562,508.80
总负债	157,771.13	173,357.75	191,437.63
股东权益	483,765.39	393,266.95	371,071.17
项目	2021 年	2020 年	2019 年
营业收入	333,597.09	325,807.55	364,668.39
利润总额	69,448.16	75,897.90	60,341.40
净利润	61,470.40	65,332.73	52,194.85

（二）标的公司基本情况

本次收购交易中，购买的标的公司为某制药公司，于 1986 年 4 月 25 日成立。本次交易前，标的公司股权关系结构如图 1－2－1 所示。

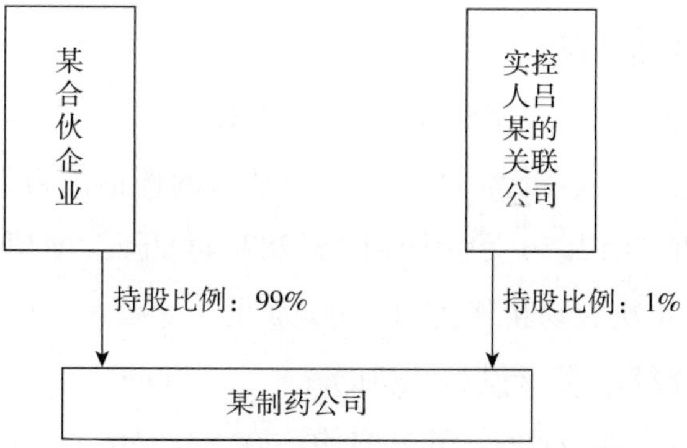

图 1－2－1　某制药公司股权关系结构

某制药公司是商务部首批“中华老字号”企业，主营业务为中成药的研发、生产与销售，包括片剂、丸剂、硬胶囊剂、颗粒剂、茶剂、糖浆剂、口服液、煎膏剂、头孢菌素类硬胶囊剂、凉茶饮料等，其主要产品包括排石颗粒、沙溪凉茶、润肠宁神膏、骨仙片、缩泉丸等。其最近一年及一期的财务状况和经营成果如表 1－2－2 所示。

表1-2-2　某制药公司基本财务指标

单位:万元

项目	2021年6月30日	2020年12月31日
总资产	9604.22	6676.52
总负债	6591.66	4558.56
股东权益	3012.56	2117.96
项目	2021年1~6月	2020年
营业收入	6704.89	11,203.14
利润总额	1017.90	1674.90
净利润	897.86	1471.93

(三)资产重组方案精要

1. 现金收购标的公司的交易方案

A公司拟以自有资金20,500万元收购某合伙企业、实控人关联公司分别持有的标的公司99%、1%的股权。由于某合伙企业、关联公司均受A公司实控人吕某控制,本次交易构成关联交易,且需提交股东大会审议。

2. 本次交易的评估情况

本次交易经北京国融兴华资产评估有限责任公司评估。截至2021年6月30日,标的公司的股东全部权益价值按收益法评估后的评估值为21,300万元,较标的公司净资产账面价值3012.56万元增值18,287.44万元,增值率为607.04%。最终,经双方协商确定本次交易价格为20,500万元。

3. 本次交易的业绩承诺(行权后增加)

本次交易转让方承诺,标的公司2021年、2022年、2023年经审计后净利润分别不低于1630万元、2110万元和2420万元,累计不低于6160万元。若标的公司在承诺期内未达到承诺业绩,转让方对A公司进行现金补偿,应补偿现金金额=(2021年~2023年累积承诺净利润数-2021年~2023年累积实际净利润数)÷2021年至2023年累积承诺净利润数×标的公司作价。

4. 本次交易的目的

交易公告披露,本次交易可有效整合A公司中药产业资源,综合利用品牌、文化、渠道优势,打造沙溪凉茶、康复新液等中药大品种,实现已有中药业务的积极发展，符合公司中药板块产业发展规划，有利于进一步提升 A 公司总体经营业绩，实现可持续发展。

二、案例分析

（一）行权过程

2021 年 12 月 14 日，投服中心向 A 公司发送了股东质询建议函，从标的公司无法依靠药品提价、降低营业成本、实现销量增长三方面质疑标的公司未来业绩可能存在的大幅增长，同时建议交易对方自愿增加业绩补偿承诺。次日，标的公司公告补充增加了业绩承诺安排。A 公司于 2021 年 12 月 31 日召开 2021 年第二次临时股东大会，审议通过了本次收购事项。

（二）行权内容分析

某制药公司历史披露的数据显示，标的公司 2012 年～2020 年的营业收入复合年均增长率为 9.2%，而本次交易预测标的公司 2021 年～2025 年的主营业务收入的增长率分别为 23.88%、17.35%、16.78%、10.85% 及 5%，净利润增长率达 29.1%、31.87%、30.5%、17.67% 以及 5.18%，远高于标的公司的过往业绩增长轨迹。A 公司称，标的公司营业收入预测系结合社会老龄化趋势、中药行业市场规模增长、标的公司自身发展规划等方面，但未具体说明预测逻辑。投服中心对标的公司预测盈利大幅增长的合理性提出如下质疑及建议：

1. 认为标的公司无法依靠药品提价支撑未来业绩大幅增长

2021 年 1 月，《国务院办公厅关于推动药品集中带量采购工作常态化制度化开展的意见》指出，推动药品集中带量采购工作常态化制度化，有利于引导药品价格回归合理水平，减轻群众用药负担，更好保障人民群众病有所医。可以看出，在集中带量采购政策影响下药品降价将是大势所趋。该意见提出，将用量大、采购额高的药品纳入采购范围，其中包括中成药。我国医疗保障局曾明确表示已在青海省、浙江金华、河南濮阳等地对部分需求大、金额高的中成药品种开展集采探索，下一步将以临床需求为导向，从价高量大的品种入手，推进中成药及配方颗粒集中采购改革。2021 年 12 月 2 日，湖北省医药价格和招标采购管理服务网发布了《2021 年湖北省中成药联盟集中带量采购相关数据信息公示》，涉及 70 多个中成药品种，数量较为庞大,且均为临床用量大、采购金额高的品种。行业新闻显示,目前部分参与集中带量采购的中成药降价幅度在20%左右。华润三九药业公司(000999)也曾在2021年11月22日投资者关系活动记录表中披露“预计中成药集采后会有一定程度的产品降价”。因此,在中成药集中带量采购已成为大势所趋、药品降价不可避免的行业背景下,标的公司拟通过药品提价来支撑预测期业绩大幅增长的逻辑不能成立。

2.认为标的公司无法依靠降低成本支撑未来业绩大幅增长

依据公司披露的营业成本预测数据,预测期内标的公司最为主要的成本支出为原材料,原材料占主营业务成本比例为52%~54%。然而,行业新闻显示,受疫情、通胀、种植面积减少等因素影响,2021年以来中药材价格出现大幅增长,连翘、金银花、丹参等品种涨幅明显。以标的公司的主要产品排石颗粒为例,该药品的主要成分包括连钱草、盐车前子、木通等。依据中药材天地网的统计数据,连钱草在安国药市的价格从2020年的5.5元涨至2021年12月的7.5元,涨幅约36.36%,车前子从2020年12月的23元涨至2021年12月的67元,涨幅约191.3%,木通从2020年的8元涨至2021年12月的9元,涨幅约12.5%。因此,在标的公司上游中药材价格大幅上涨的背景下,标的公司以降低成本来支撑预测期业绩大幅增长的逻辑较难成立。

3.认为标的公司无法依靠销量增长支撑未来业绩大幅增长

标的公司的主要产品包括排石颗粒、骨仙片、沙溪凉茶(颗粒)、金鸡片、当归补血冲剂等,其中沙溪凉茶的收入占主营业务收入约13%。标的公司预测2021年~2023年沙溪凉茶的营业收入复合年均增长率为15%。然而,行业研究报告显示,我国凉茶行业已迈入缓慢发展的成熟期,市场竞争格局已基本稳定,王老吉和加多宝为当前凉茶市场两大竞争寡头。在此背景下,投服中心疑惑沙溪凉茶将如何挑战两大龙头企业,在短期内扩大市场份额、增加销量以实现复合年均15%的营收增长。

其次,依据药智网关于标的公司药品注册与受理的汇总记录,标的公司的主要产品集中在2005年~2009年注册申请。标的公司早期推出的药品已上市超过10年,产品成熟,市场份额较为稳定,靠这些老品种很难带来未来销量的大幅增长。药智网信息显示,标的公司仅在2021年5月6日注册申请了安宫牛黄丸,而安宫牛黄丸存在 117 家同品种生产厂家,不属于独家品种或具有颠覆性技术进步的产品,很难一上市就大幅提升市场份额。

另外,标的公司若想通过加大市场营销抢占市场份额,势必将增加标的公司的销售费用。然而,本次预测 2021 ~ 2025 年的销售费用占营业收入的比例分别为 23.59%、23.15%、22.59%、22.35% 以及 22.35%,呈下滑趋势。在不加大营销力度、未推出具有核心竞争力的新药产品或发生技术进步,且凉茶行业竞争格局已较为稳定的背景下,标的公司依靠销量增长支撑未来业绩大幅增长的逻辑也难以令人信服。

4. 建议交易对方自愿增加业绩补偿承诺

从前述药品提价、销量增长、成本降低三个维度分析,标的公司预测期业绩大幅增长的逻辑均不成立,投服中心对标的公司能否实现盈利预测、本次关联交易的估值合理性表示担忧。虽然本次交易不构成重大资产重组,业绩补偿承诺并非必备条款,为保护公司及全体股东利益,建议公司与交易对方协商,参考《上市公司重大资产重组管理办法》第 35 条关于业绩补偿的规定,自愿增加业绩承诺补偿安排。

案例3　W公司出售化妆品资产的关联交易

2021年10月,广东W公司(以下简称W公司)发布了《关于化妆品资产转让暨关联交易的公告》:上市公司召开的董事会会议审议通过了《关于化妆品资产转让暨关联交易的议案》,为优化上市公司资产结构,聚焦主业发展,同意上市公司和全资子公司上海JPB制药有限公司(以下简称上海JPB)、上海TAT云健康科技有限公司(以下简称云健康)向上海PBSW科技发展有限公司(以下简称PBSW)出售上市公司和上海JPB持有的化妆品类商标;上海JPB向PBSW转让上海JPB持有的化妆品相关配方技术;上海JPB向PBSW转让上海JPB拥有的化妆品类机器设备。

一、案例简介

(一)上市公司基本情况

W公司成立于2000年,于2010年6月在深圳证券交易所上市交易。W公司控股股东为TAT集团有限公司,2021年三季报显示持有W公司170,980,090股,占总股份比例22.3%。W公司实际控制人是KSQ、KSB和KSF,KSB是上市公司董事长兼总经理。

W公司属于医药制药及药品批发、零售行业,主要从事中成药的研发、生产和销售。

(二)标的交易的基本情况

本次拟转让资产具体包括上市公司和上海JPB持有的化妆品类商标、上海JPB持有的化妆品相关配方技术和化妆品类机器设备。上述资产无抵押、诉讼、担保或其他项权利事项。

(1)化妆品类商标

W公司持有化妆品类商标16项,上海JPB持有化妆品类商标10项。化妆品类商标的评估,采用成本法。截至2021年8月31日,账面价值合计0元,评估价值8.3万元。

(2)化妆品相关配方技术

PBSW取得化妆品生产许可证书并完成化妆品备案手续后,上海JPB向PBSW转让化妆品相关配方技术,转让价格按照评估价值和账面净值孰高确定。

(3)化妆品类机器设备

PBSW取得化妆品生产许可证书并完成化妆品备案手续后,上海JPB向PBSW转让化妆品类机器设备,转让价格按照评估价值和账面净值孰高确定。

(三)交易对方的基本情况

PBSW,成立于2021年9月,注册资本5000万元,法定代表人ZQX。由于为新设公司,PBSW暂无经营数据。

PBSW由KSB先生全资持有,KSB先生为上市公司实际控制人KSQ先生之子,为上市公司董事长兼总经理。该关联人符合《深圳证券交易所股票上市规则(2020年修订)》第10.1.3条第2款规定的关联关系情形。

(四)交易方案精要

W公司和上海JPB向PBSW出售W公司和上海JPB持有的化妆品类商标。依据《资产评估报告》,截至评估基准日2021年8月31日,W公司转让的化妆品类商标账面价值为0元,评估价值为5.29万元,上海JPB转让的化妆品类商标账面价值为0元,评估价值为3.01万元,转让价格以上述评估价值为准。转让协议生效之日起10个工作日内,PBSW向W公司和上海JPB一次性支付转让协议约定的交易价款,其中向W公司支付5.29万元,向上海JPB支付3.01万元。

PBSW取得化妆品生产许可证书并完成化妆品备案手续后10个工作日内,上海JPB向PBSW转让上海JPB持有的全部化妆品相关配方技术和化妆品类机器设备;上海JPB向PBSW转让化妆品相关配方技术和化妆品类机器设备的价格按照评估价值和账面价值孰高确定;PBSW向上海JPB一次性支付化妆品相关配方技术和化妆品类机器设备的转让价款。

二、案 例 分 析

(一)行权过程

此次 W 公司出售的化妆品业务包括 3 类资产,分别是化妆品类商标、化妆品相关配方技术和化妆品类机器设备。提交股东大会审议方案中,仅有化妆品类商标确定了转让价格,化妆品相关配方技术和化妆品类机器设备的转让价格待定。此外,W 公司在 2021 年 5 月答复网上投资者时称,"PB"系列护肤品目前销售势头旺盛。

针对上述情况,投服中心 2021 年 10 月 27 日通过深圳证券交易所"互动易"向 W 公司问询两个问题:1. W 公司和其全资子公司拟出售化妆品类商标、相关配方技术和机器设备资产给关联方,W 公司 5 月答复投资者时称"PB"系列护肤品目前销售势头旺盛,请 W 公司说明在此背景下出售化妆品类资产的必要性。2. W 公司和其全资子公司拟出售化妆品类相关资产给关联方,交易协议中配方技术和机器设备类资产出售价格尚未确定,此时提交股东大会审议缺乏依据,不利于股东理性决策。请说明为何在交易价格未确定时急于召开股东大会审议。

(二)后续进展

W 公司并未在第一时间回复投服中心的质询。直至 2021 年 12 月 29 日,W 公司通过互动易平台称,W 公司和全资子公司拟出售化妆品类相关资产给关联方,交易协议中配方技术和机器设备类资产出售价格尚未确定,是因为整体业务转移需要一定的时间,为了不使公司利益受损,待实际出售时作评估与价格确定。W 公司出售化妆品类相关业务,是为了聚焦资源、回归主业,同时化妆品类相关业务正值投入期,资金投入较大且目前是亏损状态,为了尽可能少地影响上市公司业绩,W 公司决定剥离此项业务。同日,W 公司在回复其他投资者时称,已剥离了药妆业务。

W 公司 2022 年 6 月发布的 2021 年年度报告披露已完成了该笔关联交易,交易价格 8.3 万元,交易损益 2.84 万元。此交易价格仅是化妆品类商标资产的出售价格,由此可知,化妆品的配方技术和机器设备类资产最终以 0 元价格完成了转让。投服中心的网上质询未被上市公司第一时间回复,未引起广大中小投资者的足够重视,最终导致上市公司资产被低价出售,造成上市公司和股东的损失。

案例 4　关注 E 公司对某公司的拆借款

2021 年 9 月，E 公司发布了《关于深圳证券交易所半年报问询函回复的公告》。公告显示，公司在报告期末对 LS 科技拆借款余额为 8450.73 万元。但鉴于 LS 科技的实际情况，E 公司基于谨慎性原则，对该债权计提了 8420.10 万元减值准备，公司会持续关注 LS 科技债权的回收情况。

一、案 例 简 介

（一）上市公司基本情况

E 公司成立于 2005 年，于 2011 年 4 月在深圳证券交易所创业板上市交易。上市公司主要从事电力应急保障车辆、军品及消防车等专用车辆的研发、生产。其最近 3 年的财务状况和经营成果如表 1－4－1 所示。

表 1－4－1　E 公司基本财务指标

单位：万元

项目	2020 年 12 月 31 日	2019 年 12 月 31 日	2018 年 12 月 31 日
总资产	286,615.60	346,555.21	330,984.97
总负债	172,078.43	182,763.42	169,896.80
股东权益	114,966.83	163,164.09	159,832.47
项目	2020 年	2019 年	2018 年
营业收入	203,569.01	172,966.29	180,971.42
利润总额	－42,791.12	4860.45	12,213.24
净利润	－47,496.26	3767.22	9307.45

(二)标的公司基本情况

2016 年,E 公司以发行股份的方式购买了 LS 科技 100% 股权。LS 科技是一家为客户提供智能制造方案和服务的供应商,主要致力于为客户产品生产和品质检测提供自动化的解决方案,主要从事各类工业自动化智能生产线和光电产品自动光学检测设备的研发、生产和销售。以 2015 年 6 月 30 日为评估基准日,LS 科技 100.00% 股权的评估值为 26,245.02 万元,评估增值额为 23,459.07 万元,评估增值率为 842.05%。根据评估结果,交易各方协商确定的交易价格为 26,000.00 万元。收购完成后,形成商誉 2.417 亿元。同时,LS 科技原全体股东承诺,LS 科技 2016 年度~2019 年度扣除非经常性损益后归属于母公司股东的净利润分别为 2100.00 万元、3000.00 万元、4000.00 万元和 5200.00 万元。

2016 年~2019 年业绩承诺期间,LS 科技实现的业绩分别为 3182.27 万元、3969.45 万元、4334.05 万元、3152.72 万元,累计业绩实现率为 102.37%。但 2020 年(业绩承诺期满后第 1 年)LS 科技出现严重业绩断层,从 2019 年净利润 2480.25 万元下降至 2020 年的 -2.887 亿元。

根据 E 公司公告,2020 年上半年由于受疫情影响,LS 科技营业收入和净利润同比出现下滑。进入第三季度,国内的疫情已经得到控制,经济形势发生好转。但在这种宏观形势下,LS 科技的销售依然没有起色。当季仅实现营业收入 152 万元,仅是上年同期的 1.64%,呈现“断崖式”下滑;前三季度实现营业收入仅是上年同期的 16.48%,出现巨额亏损,净利润率为 -117.31%,同比下降 3176.42%。进入传统经营旺季的第四季度,LS 科技经营非但没有好转,且继续出现滑坡,收入利润双双出现大幅下降。截至 2020 年年末,公司将收购 LS 科技产生的商誉 2.417 亿元全部计提减值准备。2021 年 4 月,公司公告以 1 元价格转让 LS 科技 100% 股权。

二、案例分析

(一)行权过程

2021 年 9 月,投服中心通过发送股东质询建议函方式,就 LS 科技后续欠款的回收、董事的履职情况等向 E 公司提出问题。2021 年 10 月,E 公司以公告回复的方式,详细对投服中心的问题进行了解答和说明。

（二）行权内容分析

2021 年 4 月，E 公司公告以 1 元价格转让 LS 科技 100% 股权。公司曾于资产出售的交易公告中披露，LS 科技对公司的欠款为 7018.18 万元，为保障受让方的合理权益，公司、受让方及 LS 科技三方约定，股权转让完成后，若 LS 科技无法收回对外享有的债权，公司同意减免 LS 科技对公司所负的债务；但若 LS 科技通过应收账款回款、追索和诉讼收回部分或全部债权，LS 科技将在收到该等款项后 10 个工作日内，扣除必要的员工诉讼仲裁支出、运营费用和追索成本后的剩余款项优先支付给公司以抵偿债务。

公司在深圳证券交易所半年报问询函的回复公告中称"经了解，LS 科技股权转让完成后，新股东专注于追缴应收账款并核实其真实性，截至 2021 年半年度末，LS 科技仍处于停业状态，前五名应收账款在 1 ~ 6 月均未实现回款"。由于公司已将 LS 科技 100% 股权转让，无法再对 LS 科技进行管控，LS 科技能否顺利收回债权以及是否将收回债权的情况及时告知公司等将完全取决于 LS 科技的新股东。需要公司说明：（1）通过何种途径了解并确定 LS 科技是否已收回部分或全部对外债权；（2）公司将采取何种措施督促 LS 科技新股东及时收回债权，并督促 LS 科技及时将收回的欠款转给公司；（3）公司董事（包括独立董事）在就公司出售 LS 科技 100% 股权发表意见时，是否考虑到前述可能无法顺利追回 LS 科技欠款的问题，是否对相关交易安排提出了有效建议，是否勤勉尽责地维护了公司及全体股东利益。

案例5　F公司发行股份及支付现金购买某体外诊断公司

2021年7月，F公司公告了《发行股份及支付现金购买资产并募集配套资金暨关联交易预案》，拟通过发行股份及支付现金的方式购买某体外诊断公司80%股份。

一、案例简介

（一）上市公司基本情况

F公司成立于1997年，于2004年5月在上海证券交易所主板上市交易。发布重组预案时，F公司股价为13.50元/股，总股本为195,600,000股，总市值26.41亿元。在本次交易前，HS投资有限公司为F公司控股股东，楼某良间接持有F公司31.96%股份，为公司实际控制人。

F公司主要从事建筑PC构件所配套的模具、模台以及各类工装货架的研发、生产和销售以及殡葬服务业务。其最近3年的财务状况和经营成果如表1－5－1所示。

表1－5－1　F公司基本财务指标

单位：万元

项目	2020年12月31日	2019年12月31日	2018年12月31日
总资产	12,139.75	11,959.06	4646.46
总负债	5899.62	6591.87	3451.14
股东权益	6240.13	5367.19	1195.32

续表

项目	2020年	2019年	2018年
营业收入	14,018.85	2326.78	100.27
利润总额	1733.30	487.49	-1148.49
净利润	1540.80	287.08	-1110.43

(二)标的公司基本情况

本次交易拟购买的资产为某体外诊断公司80%股权,交易对方为盛某松、SR投资、DHYZ创投、DHCT创投、RY咨询、RY企管、谭某忠。

某体外诊断公司成立于1999年8月,盛某松、SR投资、DHYZ创投、DHCT创投、RY咨询、RY企管、谭某忠分别持有其50.77%、14.20%、12.00%、12.00%、2.50%、2.50%、6.03%的股权。盛某松为某体外诊断公司的控股股东、实际控制人。

某体外诊断公司的主要业务分为自有诊断试剂及配套仪器研发、销售、第三方医学检验和诊断试剂代理销售等3大类,主要产品包括EGFR/KRAS/BRAF基因检测试剂盒、(HPV)核酸检测试剂盒、尿中游离巯基检测试剂盒、POCT血铅检测仪、POCT尿碘检测仪等。医学实验室检验拥有焦磷酸盐测序、原位杂交、荧光定量PCR、数字PCR、二代测序、单细胞测序及大数据分析等核心技术。其最近两年一期的主要财务状况如表1-5-2所示。

表1-5-2　某体外诊断公司主要财务数据

单位:万元

项目	2021年6月30日	2020年12月31日	2019年12月31日
总资产	12,864.50	15,449.03	8021.62
总负债	4951.18	9038.52	3860.39
股东权益	7913.32	6410.51	3564.14
项目	2021年1~6月	2020年	2019年
营业收入	7630.69	14,076.62	7710.80
归属于母公司所有者的净利润	1502.81	2844.03	410.12

(三)重大资产重组方案精要

1. 发行股份及支付现金购买资产

F公司拟通过发行股份及支付现金的方式购买某体外诊断公司80%股份。其中,盛某松、谭某忠、SR投资、RY咨询、RY企管将会获得公司支付的股份及部分现金,DHYZ创投、DHCT创投将获得公司支付的现金对价。本次交易标的交易价格尚未确定,标的资产的最终交易价格将以具有证券、期货相关业务资格的资产评估机构出具的评估报告的评估结果为依据,由交易各方协商确定,并在此基础上确定7名交易对方具体获得上市公司支付的股份数量、对应金额及现金对价金额。

此外,本次交易中,上市公司拟同时向不超过35名特定对象发行股份募集配套资金,募集配套资金总额不超过本次以发行股份方式购买资产的交易价格的100%,募集配套资金发行股份数量不超过本次交易前上市公司总股本30%。募集配套资金用于支付本次交易现金对价、重组相关费用、研发中心建设及补充流动资金等项目,预计总金额不超过2.7亿元;用于补充流动资金的比例将不超过交易对价的25%,或不超过募集配套资金总额的50%。

2. 业绩承诺与补偿协议

本次交易的业绩承诺期间为2021年至2023年。盛某松、谭某忠、SR投资、RY咨询、RY企管5名交易对方参与标的公司本次重组业绩承诺及补偿,DHYZ创投、DHCT创投不参与业绩承诺及补偿。鉴于标的公司的审计、评估工作尚未完成,本次交易暂未签订明确的业绩承诺与补偿协议。待标的公司的审计、评估工作完成后,F公司将与补偿义务人另行签订《盈利补偿协议》,届时将对承诺净利润、实际净利润的确定,补偿方式及计算公式,补偿的实施,标的资产减值测试补偿,违约责任等具体内容作出约定。

3. 交易完成后F公司股权结构

由于本次交易标的资产审计、评估工作尚未完成,交易标的拟定价尚未确定。因此,本次交易前后的股权变动情况尚无法准确计算。本次交易不会导致公司实际控制人发生变更。

二、案例分析

(一)行权过程

2021年8月,投服中心向F公司发送股东质询建议函,质询标的公司2020年业绩大幅增长的合理性、标的公司盈利能力及核心竞争力等,并建议F公司在审议本次事项的股东大会召开前以公告形式披露回复的内容。2021年9月4日,F公司公告:本次重组自启动以来,公司及有关各方均积极推进重大资产重组相关工作,公司聘请的中介机构对标的公司及相关方进行了近两个月的尽职调查工作,与交易对方及标的公司就本次重组事项进行了多轮的探讨和沟通。由于公司与交易对方就本次重组的估值分歧较大,就核心条款无法达成一致;同时,受新冠肺炎疫情影响,尽职调查程序推进缓慢,相关核查工作受到重大影响,后续不确定性增加。基于上述原因,经审慎研究分析,公司及交易对方认为现阶段继续推进本次重组方案时间较长、不确定性较大,为切实维护公司及全体股东利益,双方决定终止筹划本次重大资产重组事项。

(二)行权内容分析

1. 关于标的公司2020年业绩大幅增长的合理性

预案披露,标的公司主营业务为精准医学、液体活检、体外诊断产品的研发、生产、销售及服务,主攻泌尿系统肿瘤早期筛诊、个性化用药指导等,主要产品包括EGFR、KRAS、BRAF基因检测试剂盒等。标的公司2020年的营业收入为14,076.62万元,较2019年7710.8万元增长82.56%,2020年归母净利润为2844.03万元,较2019年410.12万元增长593.46%,出现业绩爆发式增长。同属于液体活检、基因测序行业的美国上市公司燃石医学2020年的营业收入同比增长12.64%,净利润同比下降140.75%;美国上市公司泛生子2020年的营业收入同比增长31.25%,净利润同比下降353.98%;生产肝癌早筛产品的龙头企业贝瑞基因2020年的营业收入同比下滑4.78%,归母净利润同比下降46.07%,其2020年报解释医院限流导致其医学检测类服务收入增速下降;2021年在科创板上市的诺禾致源2020年的营业收入同比下降2.92%,归母净利润同比下降68.03%,其招股说明书也披露2020年收入及利润水平有所下降。前述同行业可比公司均未发生2020年业绩爆发式增长且利润水平都有所下滑,而标的公司却出现逆势增长。需要公司说明标的公司2020 年营业收入及归母净利润出现大幅增长的原因。此外,标的公司的官方网站显示,标的公司产品包括核酸检测系列产品,需要公司说明核酸检测产品销售收入占主营业务收入的比例,2020 年业绩爆发式增长是否与之相关;若相关,建议公司在本次交易盈利预测及估值中,充分考虑核酸检测业务增长导致标的公司 2020 年业绩大幅增长是否可持续。

2. 关于标的公司的未来盈利能力

预案披露,标的公司的主营业务包括三大类,即自有诊断试剂及配套仪器研发及销售、医学实验室检验业务以及诊断试剂代理销售业务。依据燃石医学、泛生子2020 年报,燃石医学 2018 年 ~2020 年提供实验室检测服务产生的营业收入占总营业收入的比例为 69.2% ~77.3%,销售试剂盒等产品产生的营业收入占比为15.9%至 27.4%;泛生子 2019 年 ~2020 年提供实验室检测服务产生的营业收入占总营业收入的比例为 72.5%、68.7%,销售试剂盒等产品产生的营业收入占比为10.8%、22.2%。可以看出,该行业主要营收源于提供实验室检测服务。燃石医学、泛生子的招股说明书均显示,该行业内企业未来发展及经营业绩的决定因素包括实验室检测业务的下游医院、科研机构等覆盖情况及测试量、市场对产品的采纳程度、试剂盒产品销售范围的不断扩充、各类新产品的成功研发等。一般而言,从潜在项目合作医院培育成签署合作协议并产生持续稳定业务收入的培育期约为 12 ~30 个月。重组预案中未披露标的公司三大业务占比、实验室检测业务的下游客户构成及家数、每月平均病人样本检测量、已就销售试剂盒业务建立稳定合作关系的医院和家数、客户储备及合作进展、服务及产品价格等。为让广大投资者更为全面、客观地了解标的公司的未来盈利能力,建议公司在重组草案中补充披露前述信息。

此外,同行业多家上市公司如诺禾致源、华大基因、泛生子等招股说明书显示,行业内头部企业目前主要依赖 Illumina、Thermo Fisher 等外国公司采购上游试剂盒原材料及测序仪,前述两家境外公司占据上游供应商超过 80% 的市场份额,议价能力较强。需要公司在重组草案中补充披露标的公司上游原材料主要供应商、近年来原材料采购价格的变动情况、是否与供应商签订了长期合作协议等。

3. 关于标的公司的核心竞争力

依据国家药品监督管理局发布的医疗器械批准注册产品公告等,截至2021年8月11日,元码基因、厦门飞朔生物、南京世和、艾德生物、诺辉健康等同行业企业陆续取得了人类EGFR、BRAF、KRAS等基因检测试剂盒注册或上市批准,行业参与者不断增加。行业新闻显示,二代基因测序头部企业之间产品护城河没有完全建立,肿瘤早筛产品同质化倾向严重,需要企业不断投入大量销售费用抢占终端市场份额。依据燃石医学、泛生子2020年报及招股说明书,燃石医学销售及市场营销费用从2017年的6750.5万元增加至2020年的16,858.7万元,增幅高达149.74%,年复合增长率为35.67%,2020年燃石医学销售人员占总人数的比例高达41.2%;同时泛生子2020年的销售费用较2017年也增长161.14%,年均复合增长率为37.7%,2020年销售人员占总员工人数比例为32.79%,年报披露该行业企业需要持续推介产品以扩大市场份额,因此销售费用持续大幅增长。同时,诺禾致源的招股说明书也提及,基因测序行业国内成熟产品和服务竞争日趋激烈,其测序服务价格总体呈下降趋势,2018年~2020年的单GB测序平均价格同比下降11.97%~19.44%。需要公司结合标的公司主要产品的技术参数(如特异性、检测周期、灵敏度等)、产品价格变动趋势、检测室间质量评价情况、产品在应用领域所具备的优势等方面说明标的公司的核心竞争力。

案例6　R公司购买某医药公司100%股权

2021年7月，上市公司R公司披露了《关于全资子公司拟收购X公司暨H公司100%股权的公告》(以下简称《交易方案》)，R公司全资子公司拟以自有资金8亿元购买X公司100%的股权，并间接持有H公司100%股权。

一、案例简介

(一)上市公司基本情况

R公司成立1998年5月，于2010年8月在深圳证券交易所上市交易。发布《交易方案》时，R公司股价为4.32元/股，总股本为118,221.30万股，总市值51.07亿元。在本次交易时，Q合伙企业为R公司的控股股东，某地方国资管理机构为上市公司的实际控制人。

R公司主要从事非PVC软袋、直立式软袋、塑瓶、玻瓶大输液、腹膜透析液及原料药、配套医药包材、医疗器械等产品的研发、生产与销售。其最近一年一期的财务状况和经营成果如表1-6-1所示。

表1-6-1　R公司基本财务指标

单位：万元

项目	2021年6月30日	2020年12月31日
总资产	458,746.15	341,554.48
总负债	220,012.36	108,603.00
净资产	238,733.79	232,951.48

续表

项目	2021 年 1 ~ 6 月	2020 年 1 ~ 12 月
营业收入	70, 278. 12	131, 659. 22
利润总额	8916. 32	11, 163. 62
净利润	7555. 63	9688. 95

(二)标的公司基本情况

标的公司 X 于 2021 年 5 月成立,注册资本 4000 万元。标的公司 X 除持有目标公司 H 公司 100% 股权外,无其他资产和负债。

本次交易前,标的公司 X 的股权关系结构如表 1 – 6 – 2 所示。

表 1 – 6 – 2　标的公司 X 的股权关系

名称	出资额(万元)	出资比例(%)
JX 合伙企业(有限合伙)	990. 40	24. 76
JT 商贸中心(有限合伙)	840. 80	21. 02
JW 合伙企业(有限合伙)	780. 80	19. 52
JA 合伙企业(有限合伙)	736. 40	18. 41
JD 科技中心(有限合伙)	651. 60	16. 29
合计	4000. 00	100. 00

(三)目标公司基本情况

目标公司 H 于 2005 年 11 月成立,注册资金 3150 万元。本次交易前,目标公司 H 的股权关系结构如表 1 – 6 – 3 所示。

表 1 – 6 – 3　目标公司 H 股权关系结构

股东	出资比例
标的公司 X	100%

目标公司 H 是一家集研发、生产和销售于一体的综合性现代化制药企业,主要研究方向为呼吸系统、精麻药物片剂及注射剂药品。其最近一年一期的财务状况和经营成果如表 1 – 6 – 4 所示。

表 1-6-4　目标公司 H 基本财务指标

单位:万元

项目	2021 年 3 月 31 日	2020 年 12 月 31 日
总资产	6253.89	6233.47
总负债	3277.35	3754.36
净资产	2976.54	2479.10
项目	2021 年 1~3 月	2020 年
营业收入	2211.47	9597.94
利润总额	615.67	1102.74
净利润	497.43	750.85

(四)本次交易方案精要

《交易方案》披露,R 公司全资子公司拟以自有资金 8 亿元收购交易对方持有的标的公司 X 100% 股权,并间接持有目标公司 H 100% 股权。本次交易完成后,目标公司 H 将成为 R 公司三级全资子公司,纳入 R 公司合并报表范围。本次交易不构成《上市公司重大资产重组管理办法》规定的重大资产重组,也不构成关联交易,该事项尚需提交上市公司股东大会审议。

交易对方承诺目标公司 H 在 2021 年、2022 年、2023 年实现的净利润分别不低于 6000 万元、8000 万元、10,000 万元。如目标公司当期累计净利润实现数未达到承诺数时,交易对方应在目标公司当期审计报告出具之日起 30 个工作日内向 R 上市公司支付业绩承诺补偿金。

二、案例分析

(一)行权过程

2021 年 8 月 4 日,投服中心以发送股东函件的方式,对目标公司 H 承诺期业绩大幅增长的合理性、估值时是否充分考虑了集中采购到期后多索茶碱注射液可能面临的产品降价风险等方面提出质询,并建议上市公司补充披露评估说明。

（二）行权内容分析

1. 建议上市公司补充披露评估说明，并说明目标公司 H 承诺期业绩大幅增长的合理性

本次交易参考收益法评估结果定价，评估基准日目标公司 H100% 股权的评估值为 8.01 亿元，估值增值率为 2332.60%。交易对手方承诺目标公司 H 在 2021 年～2023 年分别应实现扣非净利润不低于 6000 万元、8000 万元、10,000 万元。然而，目标公司 H 在 2018 年、2019 年、2020 年及 2021 年上半年的净利润分别为 -775.05 万元、1006.56 万元、750.85 万元及 497.43 万元。按照上述业绩承诺，目标公司 H 在 2021 年的业绩将较 2020 年增长约 699.10%，3 年承诺期的业绩复合增长率将达到 137.04%。

依据《深圳证券交易所上市公司信息披露指引第 5 号——交易与关联交易》第 45 条，提交股东大会审议的交易或关联交易事项涉及的交易标的评估值与账面值相比增值超过 100%，或者与过去 3 年内历史交易价格差异超过 100% 的，上市公司应详细披露原因及评估结果的推算过程。而本次评估报告中未披露目标公司 H 盈利预测的数值及评估结果的推算过程，建议 R 公司补充披露本次评估的评估说明，并在此基础上说明目标公司 H 承诺期业绩较历史年份大幅增长的合理性。

2. 关于估值时是否考虑了多索茶碱注射液集中采购到期后可能面临的产品降价风险

根据公告，目标公司 H 现阶段的核心产品为呼吸系统药物和在研精麻类药物，其中呼吸系统用药领域的主要产品为多索茶碱注射液。目标公司 H 多索茶碱注射液（10ml：0.1g）于 2021 年 2 月中标第四批国家集中采购，中标价格为 11.98 元/支，供应地区为北京、山西、吉林、上海、江苏、山东。除目标公司以外，同一批中标国家集中采购的公司还有 4 家。根据联合采购办公室发布的《全国药品集中采购文件》（GY-YD2021-1），本轮采购周期原则上为 1 年。本次最低价中标的厂家为 YZJ 有限公司，中标价格为 3.6 元/支。

根据《交易方案》，目标公司 H 多索茶碱注射液 2018 年、2019 年、2020 年及 2021 年一季度的毛利率分别为 70.19%、78.10%、88.32% 及 88.42%，且该产品在预测期的毛利率均在 90% 以上。考虑到本轮国家集采最低中标价已低至 3.6 元/支，比目标公司 11.98 元/支的中标价格低 69.95%，集采到期后，目标公司 H 多索茶碱

注射液可能面临一定降价压力。请 R 公司披露对多索茶碱注射液产品未来期间的收入预测情况,说明估值时是否充分考虑了集中采购到期后目标公司 H 多索茶碱注射液可能面临的产品降价风险,以及目前的高毛利水平是否具有可持续性。

(三)行权效果

2021 年 8 月,H 公司通过公告的方式回复了投服中心的质询,解释了目标公司 H 评估增值的原因以及承诺期业绩较历史年份大幅增长的合理性,并披露了目标公司 H 的评估说明。

案例7　C公司资产置换的关联交易

2021年4月,C公司公告了《重大资产置换,发行股份购买资产并募集配套资金暨关联交易报告书(草案)》(以下简称《重组草案》),拟将除CM公司100%股权外的全部C公司资产及负债作为置出资产,与标的公司股权中的等值部分进行置换。本次交易拟置入的资产为标的公司100%股权。拟置入资产和拟置出资产之间的差额部分,由C公司向14名交易对方发行股份购买。本次交易构成重组上市。

一、案例简介

(一)上市公司基本情况

C公司成立于2007年6月,于2015年4月在深圳证券交易所创业板上市交易。发布《重组草案》时,C公司股价为46.93元/股,总股本为100,000,000股,总市值46.93亿元。在本次交易前,C公司控股股东为DR公司,持股比例为27.8%,实际控制人为姜某某、舒某某。

C公司主要经营液态食品包装机械和纸铝复合无菌包装材料的研发、生产与销售,目前主要产品为灌装机系列设备、前处理系列设备、纸铝复合无菌包装材料。此外,C公司还能为下游液态食品生产企业提供从技术咨询、整体工厂设计、生产工艺路线设计等服务,是一家能够为液态食品企业提供一体化配套方案的供应商。其最近3年的财务状况和经营成果如表1-7-1所示。

表1-7-1　C公司基本财务指标

单位:万元

项目	2021年12月31日	2020年12月31日	2019年12月31日
总资产	130,167.34	135,104.09	154,293.97
总负债	82,787.39	86,556.72	81,634.11
股东权益	47,379.95	48,547.37	72,659.86
项目	2021年	2020年	2019年
营业收入	69,164.52	45,949.40	64,006.02
利润总额	-1526.51	-23,645.71	1038.50
净利润	-1291.44	-23,901.54	782.99

(二)标的公司基本情况

本次重组交易中,标的公司于2009年8月成立,主营业务为开发及运营超大规模、高等级、高效高性能数据中心集群,是一家国内领先的数据中心整体解决方案提供商。其最近3年的财务状况和经营成果如表1-7-2所示。

表1-7-2　标的公司基本财务指标

单位:万元

项目	2020年12月31日	2019年12月31日	2018年12月31日
总资产	919,283.06	624,783.02	492,633.59
总负债	733,773.79	602,684.56	484,307.82
股东权益	185,509.28	22,098.46	8325.77
项目	2020年	2019年	2018年
营业收入	139,356.15	98,881.65	62,848.55
利润总额	33,211.12	12,607.00	-5200.61
净利润	26,416.35	12,416.55	-5200.61

(三)资产重组草案精要

1.资产置换及发行股份收购标的公司

C公司拟以资产置换方式收购标的公司100%股权,置出置入资产的差额部分将以发行股份方式进行募资及支付。拟置出资产为C公司除CM公司以外的全部资产及负债,以2020年12月31日为评估基准日,选用资产基础法评估结果作为最终评估结论。本次交易拟置出资产的评估值为60,161.96万元,交易价格经协商确定为60,161.96万元。拟置入资产为标的公司100%股权,选用收益法评估结果作为最终评估结论,评估值为1,426,800万元,经协商确定的交易价格为1,426,800万元。差额部分将向标的公司原股东发行股份1,366,638.04万元进行支付。

2. 本次交易构成重大资产重组、重组上市及关联交易

本次交易构成重大资产重组。本次交易完成后,C公司控股股东变更为RZ公司,实际控制人变更为周某某,实际控制人发生变更,构成重组上市。由于拟置出资产最终承接主体由C公司控股股东所指定,本次交易构成关联交易。

二、案例分析

(一)行权过程

2021年6月,投服中心参加了C公司重大资产重组媒体说明会,对本次交易营业收入预测是否合理、标的公司毛利率偏高、高业绩承诺是否可实现等方面提出质询与建议。

(二)行权内容分析

1. 关于标的公司营业收入的预测是否合理

(1)建议说明标的公司上电率预测的合理性

《重组草案》显示,上电率对标的公司营业收入预测值及整体估值影响较大:上电率提高10%,营业收入将提高10%,标的公司整体估值将提高25.62%。截至2021年4月30日,标的公司现有数据中心A1、A5、A2、A6、A3、A18的上电率分别为88.51%、97.33%、97.14%、86.71%、71.46%及50.1%。本次交易预测,前述数据中心2021年~2025年的上电率分别为90.28%、97.36%、97.12%、94.49%、96.16%及96.17%。经计算,标的公司现有6个数据中心的上电率算术平均值为81.875%,而预测期内的上电率算术平均值为95.26%,远高于标的公司历史水平。此外,爱司凯(300521)收购金云科技的重组草案中曾提及,机柜使用率与数据中心服务企业所处的爬坡期息息相关,一般批发型数据中心服务企业的爬坡期约为12个月,零售型企业的爬坡期约为20个月。投服中心请C公司结合标的公司现有各

数据中心所处的爬坡阶段、投入使用年限、下游终端需求说明预测期标的公司上电率显著高于历史水平的合理依据。

(2)本次估值是否充分考虑了标的公司可能面临的行业竞争加剧的风险

标的公司项目主要位于河北省廊坊市的国际信息云聚核港。近年来,落户廊坊的数据中心项目越来越多。公开信息显示,奥飞数据(300738)、廊坊市中鼎云数据科技有限公司等纷纷进行了大笔投资,在廊坊建设或扩建大型数据中心。同行业企业在廊坊地区集中建设大型或超大型数据中心势必将分流标的公司一部分下游需求。且近年来,我国数据中心的市场规模的增速较为有限,根据科智咨询发布的《2019—2020年中国IDC产业发展研究报告》,2019年中国互联网数据中心(IDC)业务市场规模同比增长27.2%,增速放缓2.6个百分点,预计2019年~2022年中国IDC业务市场规模的复合增长率为26.9%。投服中心建议上市公司在本次估值中充分考虑标的公司的核心竞争力和我国IDC业务市场增速放缓带来的相关风险。

(3)标的公司的毛利率及营业利润率为何在PUE能耗指标不具备优势的情况下远高于行业整体水平

《重组草案》显示,标的公司2020年的毛利率为53.15%,营业利润率为23.88%。依据Wind数据,同属于第三方数据中心服务的可比上市企业2020年销售毛利率均值为30.54%,营业利润率的均值为12.42%,远低于标的公司。

依据工业和信息化部发布的《全国数据中心应用发展指引(2020)》,截至2019年年底,全国超大型数据中心平均电能使用效率PUE值为1.46,最优水平达到1.15,而标的公司2019年数据中心A1、A5、A2、A6的PUE分别为1.47、1.43、1.44、1.95,均值为1.57;2020年,数据中心A1、A5、A2、A6、A3的PUE值分别为1.45、1.39、1.4、1.57及1.54,均值为1.47,两年均高于全国超大型数据中心平均PUE值1.46,且与《工业和信息化部、国家机关事务管理局、国家能源局关于加强绿色数据中心建设的指导意见》中要求新建大型、超大型数据中心的PUE达到1.4以下的行业标准仍存在差距。若PUE值偏高,将导致标的公司的营业成本偏高,从而影响标的公司的毛利及营业利润。投服中心请C公司说明标的公司毛利率及营业利润率在PUE能耗指标不具备优势的情况下远高于行业整体水平的合理依据,并建议补充披露标的公司预测期各数据中心的PUE预测值。

2. 关于标的公司高业绩承诺是否可实现

(1)收购前标的公司净利润爆发式增长是否可持续

《重组草案》及预案显示,标的公司 2017 年、2018 年归母净利润均为亏损状态,2019 年及 2020 年业绩呈爆发式增长;其中,2020 年归母净利润为 2.645 亿元,较 2019 年同比增长 108.9%。依据 Wind 数据,同行业可比企业数据港、万国数据、光环新网、奥飞数据、宝信软件 2020 年净利润同比增长率分别为 21.6%、-51.38%、10.7%、51.38%、47.06%,未出现爆发式增长。投服中心请上市公司说明标的公司 2019 年及 2020 年业绩爆发式增长的原因以及这些因素是否持续影响后续经营。

(2)高业绩承诺是否可实现

数据中心行业的研究报告显示,移动互联网接入流量与 IDC 市场规模显著相关,两者相关系数达 0.92。依据 2020 年工业和信息化部发布的通信业统计公报,2020 年我国移动互联网接入流量为 1656 亿 GB,较 2019 年的 1220 亿 GB 增长 35.74%;但 2020 年增速较 2018 年 189.1%、2019 年 71.57% 的增速持续大幅下滑,增速下滑趋势较为明显。同时,《2019—2020 年中国 IDC 产业发展研究报告》预计 2019 年至 2022 年中国 IDC 业务市场规模的复合增长率为 26.9%。本次交易业绩承诺方承诺标的公司在承诺期的业绩年复合增长率高达 50.7%。投服中心请 C 公司说明在移动互联网接入流量增速持续大幅下滑的背景下,标的公司将如何实现年均 50.7% 的复合增长。

(三)行权效果

媒体说明会上,C 公司针对投服中心的前述提问进行了认真回复。一是关于上电率的问题,C 公司表示本次预测是根据已投产数据中心上电率变化情况、要求的交付进度及客户上架计划等对未来各数据中心上电率进行预测,未达产及投产的数据中心均考虑了“爬坡期”,达产后数据中心上电率与目前已满负荷运营的数据中心上电率相当;二是关于标的公司 PUE 值的问题,C 公司表示标的公司 A6 数据中心于 2019 年建成投产,A3 数据中心于 2020 年建成投产,报告期内处于上电率爬坡期,PUE 值略高,但已处于稳产期的 A1、A5 和 A2 数据中心在 2019 年和 2020 年的 PUE 平均值分别为 1.45 和 1.41,均低于全国超大型数据中心平均电能使用效率 PUE 值 1.46,标的公司后续将根据数据中心的设备运营情况,采取机房密封性能改造、水冷空调三通阀改造等措施继续降低 PUE 值;三是关于毛利率偏高的问题,C

公司表示由于标的公司所处廊坊地区,电价水平相对较低,标的公司上电率相对较高,且人力成本相对较低,导致毛利率在同行业内略高;四是关于业绩增长是否可持续的问题,C 公司表示随着在建数据中心的逐步交付投入使用、机柜上电数量逐步提升、销售收入逐年上涨,报告期内标的公司营业收入增长与数据中心产能、机柜上电率及爬坡过程相匹配,未来规模效应将导致管理费用增长率小于收入增长率,标的公司的增长具有可实现性;五是关于业绩承诺是否可实现的问题,C 公司表示京津冀地区集聚了一大批领军型互联网企业,对数据中心需求量巨大,标的公司在行业内具有较高的知名度,与中国电信、中国联通等保持了良好的业务合作关系,且签订了长期合作协议,标的公司业绩承诺的可实现性较高,不存在重大不确定性风险。

案例8 G公司资金占用及违规担保

2021年4月,G公司公告了《2020年非经营性资金占用及其他关联资金往来情况的专项说明》。截至2020年12月31日,G公司控股股东及其关联方占用公司资金合计2.49亿元,其中1.31亿元系为控股股东债务提供质押担保,该笔担保未履行法律程序,且存在违规担保情形。截至2021年5月6日,G公司公告称控股股东资金占用问题仍未解决,公告中未披露G公司是否已就违规担保事宜提起诉讼。

一、案例简介

(一)上市公司基本情况

G公司成立于2000年4月,于2012年10月在深圳证券交易所创业板上市交易。截至2020年年末,G公司总股本为407,904,620股,控股股东为GY公司,持股比例为16.54%,实际控制人为龙某某。

公司业务主要有电力业务和数字版权业务,电力业务覆盖智能用电产品、智能配电产品、高低压电力成套设备、综合能源管理系统及服务、电力工程施工及运维等电力完整产业链产品及服务。其最近3年的财务状况和经营成果如表1-8-1所示。

表1-8-1 G公司基本财务指标

单位:万元

项目	2021年12月31日	2020年12月31日	2019年12月31日
总资产	165,037.04	187,000.20	175,607.55

续表

总负债	87,133.35	88,988.57	67,341.26
股东权益	77,903.69	98,011.63	108,266.29
项目	2021 年	2020 年	2019 年
营业收入	38,418.26	39,301.75	40,909.87
利润总额	-21,744.24	-10,386.04	2998.39
净利润	-20,200.94	-10,020.48	2709.34

(二)资金占用及违规担保的基本情况

截至 2020 年 12 月 31 日,G 公司控股股东及其关联方占用公司资金合计 2.49 亿元,其中 1.31 亿元系为控股股东债务提供质押担保,未履行法律程序,属于违规担保情形。截至 2021 年 5 月 6 日,G 公司公告称,控股股东资金占用问题仍未解决,仅收到归还资金 100 万元,控股股东承诺将于 2021 年 5 月 20 日前归还。G 公司拟启动诉讼进行追偿,申请查封、冻结控股股东及实际控制人龙某某名下资产。公告中未披露公司是否已就违规担保事宜提起诉讼。

二、案 例 分 析

(一)行权过程

2021 年 5 月,投服中心通过发送股东函件方式行权,对 G 公司是否就违规担保事宜提起诉讼、实际控制人的债务履行状况、对违规事项采取的追责及整改措施提出质询和建议。

(二)行权内容分析

1. 建议 G 公司及时对违规担保事宜提起法律诉讼

G 公司 2020 年度非经营性资金占用及其他关联资金往来情况的专项说明披露。依据 2019 年 11 月 8 日最高人民法院发布的《全国法院民商事审判工作会议纪要》第 18 条、第 22 条的规定,由于前述 1.31 亿元违规担保未履行审批、公告程序,G 公司若对该案件向管辖法院提出诉讼,存在获得法院支持的可能。请 G 公司说明是否已对前述违规担保事宜提起了诉讼以及诉讼进展(若有);若未起诉,请说明理由,并建议 G 公司及时提起。

此外,依据G公司披露的《防范大股东及关联方资金占用专项制度》第18条,G公司全体董事应当对违规的大股东及其关联方的对外担保产生的损失依法承担连带责任。截至发送股东函件时,前述违规担保尚未解除,G公司1.31亿元定期存单使用受限,G公司也未收回欠款,已造成了实际损失。请G公司监事会及时对G公司全体董事提起诉讼,要求其就违规担保产生的损失向G公司承担连带责任。

2. 建议公司说明实际控制人目前债务履行状况

依据中国执行信息公开网及招股书披露的个人信息,G公司实际控制人龙某某目前正在执行的债务累计为4.48亿元,且龙某某已被实施限制高消费令,具体情况如表1-8-2所示:

表1-8-2　龙某某被实施限制高消费令具体情况

立案时间	执行案号	执行标的	相关法院
2020年11月18日	(2020)苏0104执5＊＊＊号	2000万元	南京市某某区人民法院
2020年5月19日	(2020)苏05执2＊＊号	2.1267亿元	某某市中级人民法院
2021年1月28日	(2021)粤0304执6＊＊＊号	1103.1万元	深圳市某某区人民法院
2021年3月25日	(2021)苏0111执5＊＊号	286万元	南京市某某区人民法院
2021年4月8日	(2021)苏01执4＊＊号	1.683亿元	某某市中级人民法院
2021年4月14日	(2021)苏0192执6＊＊号	654.81万元	南京某某区人民法院
2021年4月14日	(2021)苏0192执6＊＊号	1962.12万元	南京某某区人民法院
2021年5月10日	(2021)苏0192执8＊＊号	4674.51万元	南京某某区人民法院
合计	—	4.88亿元	—

请G公司详细说明上述实际控制人龙某某每一笔债务应履行的期限、龙某某是否已实际清偿了每一笔债务,以及是否存在逾期未清偿的情况;若存在龙某某逾期未清偿的情况,请披露到期未清偿的金额。

3. 建议G公司说明采取了哪些追责及整改措施

G公司《防范大股东及关联方资金占用专项制度》明确规定了关于防范大股东及其关联方资金占用的措施及审批流程,但该类违规事项仍在发生。请G公司说明现行内控制度是否被有效执行、本次事件G公司采取了哪些整改措施以及对相关责任人(如董事长、总经理、财务负责人、经办人等)采取了哪些追责措施。此外,由于《防范大股东及关联方资金占用专项制度》系G公司于2014年4月制定,建议G公司按照目前自查过程中发现的实际问题修订、完善相关制度并公告披露,避免类似事件的再次发生。

案例9　M公司发行股份及支付现金购买某电子元器件分销公司

2021年4月30日，上市公司M公司公告了《发行股份及支付现金购买资产并募集配套资金暨关联交易报告书（草案）》（以下简称《关联交易报告书草案》），拟以发行股份及支付现金的方式购买H公司100%股权。

一、案例简介

（一）上市公司基本情况

M公司成立于2004年，于2009年9月3日在深圳证券交易所主板上市交易。发布《关联交易报告书草案》时（2021年4月30日），M公司收盘价为7.67元/股，总股本为280,253,733股，总市值21.50亿元。本次交易前，M公司控股股东为RY公司，直接持有M公司20.42%股权；CT公司为M公司控股股东之一致行动人，其直接持有M公司8.77%股权，同时，M公司股东魏某速将其持有的M公司股份7,861,635股（占M公司总股本的2.81%）的表决权全权委托给RY公司。因此RY公司及其一致行动人合计拥有M公司89,681,146股股份表决权，占M公司总股本的32.00%，RY公司为M公司控股股东。解某锟为M公司实际控制人。

M公司属于计算机、通信及其他电子设备制造行业，主营业务为液晶显示屏及模组、触摸屏及模组、触摸显示一体化模组等产品的研发、生产和销售；其产品主要涵盖电容式触摸屏（GFF/OGS/GG）、LCD（TN/HTN/STN/CSTN/TFT）及对应模组、TFT、INCELL/ONCELL模组等，广泛应用于通讯终端（智能手机、平板电脑等）、智能POS、智能穿戴、智能家居、车载电子、数码产品、工业控制、医疗电子及其他消费类电子产品等领域。其最近3年的财务状况和经营成果如表1－9－1所示。

表1－9－1　M公司基本财务指标

单位：万元

项目	2020年12月31日	2019年12月31日	2018年12月31日
总资产	36,143.16	41,161.96	59,959.86
总负债	6319.42	8184.66	28,285.86
股东权益	29,823.74	32,977.30	31,674.00
项目	2020年	2019年	2018年
营业收入	13,942.08	20,448.03	32,431.79
利润总额	－3124.56	1334.94	－15,405.96
净利润	－3153.56	1303.30	－15,432.05

（二）标的公司基本情况

本次交易拟购买的资产为H公司100%股权，交易对方为KXM公司和白某平。

H公司成立于2016年12月7日，由白某平与何某彬共同出资设立，设立时的注册资本为4000万元。此后经过股权转让和减资，其股东变更为KXM公司和白某平，持股比例分别为88.19%和11.81%。截至《关联交易报告书草案》签署日，KXM公司持有标的公司88.19%股权，为H公司控股股东；陈某良持有KXM公司83.75%股权，为H公司实际控制人。

标的公司H公司为客户提供电子元器件产品分销、技术支持及仓储物流服务的整体解决方案，主要面向智能手机、消费电子、汽车电子、医疗、通信、工业等应用领域客户，提供授权分销的电子元器件产品和技术解决方案。截至《关联交易报告书草案》公告时，标的公司拥有村田、敦泰等20余家知名原厂的授权，在我国香港特别行政区以及深圳、上海、北京、厦门、重庆等地均设有子公司或办事处，向上千家客户销售电子元器件产品。

审计机构利安达会计师事务所（特殊普通合伙）对标的公司最近两年的模拟合并财务报表及附注进行了审计，并出具了标准无保留意见的《审计报告》。其主要财务状况如表1－9－2所示。

表 1－9－2　H 公司主要财务数据

单位:万元

项目	2020 年 12 月 31 日	2019 年 12 月 31 日
总资产	80,150.05	61,118.73
总负债	60,977.33	41,934.44
股东权益	19,172.72	19,184.29
项目	2020 年	2019 年
营业收入	186,602.85	134,162.58
利润总额	8781.99	4072.65
净利润	7000.74	3177.33

(三)重大资产重组方案精要

1. 发行股份及支付现金购买资产

M 公司拟以发行股份及支付现金的方式,向 KXM 公司、白某平购买其持有的 H 公司 100% 股权,本次交易拟购买资产的交易价格为 94,000 万元,其中,M 公司拟以现金方式支付交易对价的 40%,以上市公司股票支付交易对价的 60%。本次交易完成后,H 公司将成为 M 公司全资子公司。

本次发行股份及支付现金购买资产的定价基准日前 20 个交易日、60 个交易日及 120 个交易日的公司股票交易均价分别为 7.61 元/股、8.99 元/股和 10.61 元/股,交易均价的 90% 分别为 6.86 元/股、8.10 元/股和 9.56 元/股。本次发行价格定为 6.86 元/股,不低于定价基准日前 20 个交易日股票交易均价的 90%。本次交易拟向交易对方发行股份共计 82,215,743 股,其中向 KXM 公司发行股份 72,506,064 股,向白某平发行股份 9,709,679 股。本次发行股份及支付现金购买资产最终的股份发行数量尚需经中国证监会核准。

2. 募集配套资金

本次交易中,M 公司拟向 RY 公司非公开发行股份募集配套资金。本次拟募集资金不超过 5.12 亿元,本次募集配套资金与发行股份及支付现金购买资产互为条件。本次募集配套资金用途具体如表 1－9－3 所示。

表 1-9-3 M 公司募集配套资金用途

单位:万元

序号	项目名称	拟投入募集资金金额
1	支付现金对价	37,600.00
2	支付本次交易中介机构费用和交易税费	1200.00
3	补充流动资金	12,400.00
合计		51,200.00

本次募集配套资金的发行价格 6.10 元/股,不低于定价基准日前 20 个交易日公司股票交易均价的 80%。

3. 业绩承诺及补偿

本次交易的业绩承诺期为 2021 年、2022 年和 2023 年三个会计年度。本次交易的业绩补偿义务人为 KXM 公司和白某平。业绩补偿义务人承诺业绩承诺期内 H 公司每期经审计并扣除非经常性损益后归属于母公司所有者的净利润应分别不低于 8640 万元、10,400 万元及 12,400 万元。业绩承诺期满后,M 公司应根据业绩承诺期内标的公司累计实现的净利润数一次性计算交易对方应支付的业绩补偿总额。如业绩承诺期间标的公司未实现该等业绩承诺,交易对方应以股份及/或现金形式进行补偿。KXM 公司和白某平按照其各自持有的标的公司股权比例承担业绩补偿义务。

4. 标的资产评估情况

本次交易以标的资产的评估结果作为本次交易的定价依据。依据中联资产评估集团有限公司出具的中联评报字〔2021〕第 1259 号《资产评估报告》,评估机构采用收益法和资产基础法两种评估方法对 H 公司股东全部权益价值进行评估,最终选用收益法评估结果作为评估结论。以 2020 年 12 月 31 日为基准日,H 公司股东全部权益价值评估值为 94,340.05 万元,较 H 公司模拟合并的股东权益账面值 19,172.72 万元增值 75,167.33 万元,增值率 392.05%。

5. 本次交易对上市公司股权结构的影响

本次交易中,本次发行股份及支付现金购买资产和募集配套资金的足额认缴互为前提,共同构成本次交易不可分割的组成部分。本次交易前 M 公司总股本为 280,253,733 股,本次交易拟向交易对方发行 82,215,743 股支付其中 60% 对价;募集配套资金的发行股份数量不超过 83,934,426 股,未超过本次交易前上市公司总股本的 30%。本次交易完成后,RY 公司仍为 M 公司的控股股东,解某锟仍为 M 公司的实际控制人,本次交易将不会导致 M 公司控制权变更。本次交易前后上市公司股本具体结构如表 1－9－4 所示:

表 1－9－4 本次重组前后上市公司股权结构

股东名称	本次交易前		本次交易后(考虑募配)	
	持股数量(股)	持股比例(%)	持股数量(股)	持股比例(%)
RY 公司	57,233,855	20.42	141,168,281	31.62
CT 公司	24,585,656	8.77	24,585,656	5.51
魏某速	7861,635	2.81	7861,635	1.76
RY 公司及其一致行动人合计控制表决权	89,681,146	32.00	173,615,572	38.89
KXM 公司	—	—	72,506,064	16.24
白某平	—	—	9709,679	2.18
其他 A 股股东	190,572,587	68.00	190,572,587	42.69
合计	280,253,733	100.00	446,403,902	100.00

二、案 例 分 析

(一)行权过程

2021 年 5 月 20 日,投服中心通过电子邮件和快递两种方式向 M 公司发送了股东质询建议函,围绕业绩补偿义务人、业绩承诺的影响因素及股份发行价格的合理性等事项,依法行使股东质询建议权。M 公司于 2021 年 6 月 2 日以公告形式对股东质询建议函进行回复。最终,上市公司 M 公司将本次交易的交易对价由 94,000 万元下调至 90,000 万元。

(二)行权内容分析

1. 建议增加本次交易业绩补偿义务人

《关联交易报告书草案》披露,本次交易的业绩补偿义务人为 KXM 公司和白某平。KXM 公司于 2018 年 6 月在我国香港特别行政区设立,陈某良和倪某云系其股东。KXM 公司主要从事对外投资业务,且除持有 H 公司 88.19% 股权外,不存在其他对外投资,业绩补偿能力存疑。

此外,本次交易设有超额业绩奖励,业绩奖励对象为陈某良、倪某云和白某平。公告称,上述人员为本次交易的交易对方或其股东,同时为 H 公司关键管理人员及创始人,其分别在 H 公司担任董事长、董事和董事兼总经理职务,上述 3 位关键管理人员对 H 公司的经营管理和业绩实现起到重要作用。

鉴于上述情况,投服中心建议将陈某良和倪某云增加为本次交易的业绩补偿义务人,以便统一超额业绩奖励对象和业绩补偿义务人,并提升补偿义务人的整体业绩补偿能力。

2. 关于实现业绩承诺的影响因素

《关联交易报告书草案》披露,业绩补偿义务人承诺 2021 年、2022 年和 2023 年 H 公司每期经审计并扣除非经常性损益后归属于母公司所有者的净利润应分别不低于 8640 万元、10,400 万元及 12,400 万元。

公开资料显示,上市公司 YT 公司 2018 年拟以 10 亿元整体估值收购 H 公司 60% 股权时,与交易对方约定 H 公司 2019 年至 2021 年业绩承诺分别为 9000 万元、11,000 万元和 13,000 万元。但本次《关联交易报告书草案》显示,H 公司 2019 年和 2020 年实现净利润分别为 3177.33 万元和 7000.74 万元。请公司说明 H 公司 2019 年及 2020 年实现的净利润与其在 2018 年预计可实现的净利润相比差异较大的原因,以及相关影响因素对本次收购的业绩承诺可实现性的影响。

3. 解释股份发行价格的合理性

本次 M 公司购买 H 公司 100% 股权通过发行股份及现金方式支付,其中拟以现金支付交易对价的 40%,以发行股份支付交易对价的 60%。根据《上市公司重大资产重组管理办法》相关规定,上市公司发行股份的价格不得低于市场参考价的 90%;市场参考价为本次发行股份购买资产的董事会决议公告日前 20 个交易日、60 个交易日或者 120 个交易日的公司股票交易均价之一。

交易预案披露,公司定价基准日前 20 个交易日、60 个交易日、120 个交易日股票交易均价分别为 7.61 元/股、8.99 元/股、10.61 元/股,对应交易均价的 90% 分别为 6.86 元/股、8.10 元/股、9.56 元/股,最终确定本次发行价格定为 6.86 元/股。

本次交易后,除控股股东相关方及本次交易对手方外的公司,其他 A 股股东的持股比例将由 68% 降为 42.69% 。公司在 3 个参考定价中选择了最低价作为股份发行价格,虽然符合《上市公司重大资产重组管理办法》的规定,但将稀释公司现有中小股东的股权。请上市公司充分说明选择最低参考价的原因及合理性,并说明这一选择是否有利于维护中小投资者的利益。

案例10　V公司发行股份及支付现金购买集成电路设计企业

2020年9月15日V公司公告：拟通过支付现金的方式购买交易对方，即张某才、蒋某俊、禅生半导体等所持有的标的公司聚洵半导体100%的股权。资产预估值约为1.8亿元，V公司拟发行股份支付占总对价的比例为63.77%，拟现金支付占总对价的比例为36.23%。

2021年4月3日，V公司正式公告改为以现金的形式收购标的公司51%的股权，标的资产作价4940万元。V公司拟于2021年4月19日召开股东大会审议相关收购议案。本次交易非关联交易，非重大资产重组。

一、案例简介

（一）V公司基本情况

V公司成立于2002年，于2014年10月在深圳证券交易所上市交易。发布《关于支付现金购买资产暨关联交易的公告》时，V公司股价为6.54元/股，总股本为2.89亿股，总市值19亿元，在本次交易前，V公司实际控制人为姜某，持股数为6580.83万股。

V公司属于基础化工行业，重点发展非离子表面活性剂系列产品。其最近三年的财务状况和经营成果如表1-10-1所示。

表 1-10-1　V 公司基本财务指标

单位:万元

项目	2021 年 12 月 31 日	2020 年 12 月 31 日	2019 年 12 月 31 日
总资产	164,128.95	154,398.15	164,396.30
总负债	85,114.93	78,308.28	81,899.22
股东权益	79,014.03	76,089.87	82,497.08
项目	2021 年	2020 年	2019 年
营业收入	108,940.96	92,929.83	94,467.01
利润总额	804.21	-7511.71	642.02
净利润	1541.46	-6159.33	956.88

(二)标的公司基本情况

标的公司聚洵半导体是一家专注于模拟集成电路芯片研发和销售的集成电路设计企业,已拥有超过 80 款可供销售的产品型号,其产品以信号链模拟芯片运算放大器为主,并逐渐向信号链模拟芯片数据转换器和数据接口芯片,以及电源管理模拟芯片拓展,应用范围涵盖仪器仪表、通信网络、消费电子、多媒体、工业自动控制、液晶显示、汽车电子、可穿戴设备和物联网等众多领域。聚洵半导体自成立以来,始终采用 Fabless 的经营模式。

表 1-10-2　标的公司基本财务指标

单位:万元

项目	2020 年 12 月 30 日
资产总计	3763.98
负债合计	997.97
所有者权益合计	2766.01
项目	2020 年
营业收入	4174.35
营业利润	2041.44
利润总额	2041.44
净利润	1763.83
扣除非经常性损益后的净利润	3993.66

二、案例分析

(一)行权过程

2021年5月,投服中心向V公司发送股东建议函,建议V公司披露标的公司评估结果推算过程;标的公司在所处行业的竞争地位、优势及劣势以及V公司在本次收购中对于产业协同性的考虑。随后,V公司公告回复,标的公司的业绩已达到亚太地区销售额前10名的水平,且拥有多种型号的高精度零漂移运放,并在持续研发高压运放全系列产品。经过投服中心行权,V公司针对股东建议函的建议重新修订预案。

(二)行权内容分析

根据《深圳证券交易所上市公司信息披露指引第5号—交易与关联交易》第45条,提交股东大会审议的交易或关联交易事项所涉及的交易标的评估值与账面值相比,增值或减值超过100%,或者与过去三年内历史交易价格差异超过100%的,上市公司应当根据所采用的不同评估方法分别按照该指引相关要求详细披露其原因及评估结果的推算过程。根据标的公司审计报告,标的公司2020年营业收入为4174.35万元,同比去年增长333.14%;净利润为1763.83万元,同比去年增长1009.82%。根据V公司关于《现金收购标的公司51%股权的公告》(以下简称《收购公告》),对标的公司100%股权进行收益法评估的结果为10,316.00万元,评估增值7549.99万元,增值率为272.96%,但V公司并未披露标的公司的评估结果推算过程。请V公司按照上述信息披露指引详细披露标的公司股权的评估推算过程,并结合标的公司历史财务数据、行业增速以及成长阶段等信息,说明标的公司预测营业收入及净利润增速、评估增值率的合理性。

同时,根据《收购公告》,标的公司的产品以信号链模拟芯片运算放大器为主,并逐渐向信号链模拟芯片数据转换器和数据接口芯片以及电源管理模拟芯片拓展,其应用范围涵盖仪器仪表、通信网络等众多领域。请V公司结合标的公司各类模拟芯片产品的销售情况、与各应用领域内重要企业或经销商客户的合作情况及市场占有率等说明标的公司在所处行业的竞争地位、优势及劣势。

案例 11　B 公司以支付现金方式间接收购某民营医院少数股权

2021 年 8 月 17 日，B 公司公告了《关于子公司收购两家某投资公司 100% 股权的公告》（以下简称《交易公告》），拟以自有资金 89,597.40 万元收购某投资公司 1 的 100% 股权及某投资公司 2 的 100% 股权，两家投资公司分别持有某民营医院 14.9329% 的股权，本次交易完成后，B 公司将间接持有某民营医院 29.8658% 股权。

一、案例简介

（一）上市公司基本情况

B 公司成立于 1999 年 12 月 30 日，于 2002 年 10 月 31 日在上海证券交易所主板上市交易。发布《交易公告》时，A 公司股价为 18.93 元/股，总股本为 516,065,720 股，总市值 97.69 亿元，在本次交易前，B 公司实际控制人均为俞某，其间接持有控股股东某管理公司 65% 股权，控股股东持股比例为 26.19%。

公司主营业务涵盖煤炭贸易业务及新增的医疗服务业务。其最近 3 年的财务状况和经营成果如表 1－11－1 所示。

表 1－11－1　B 公司基本财务指标

单位：万元

项目	2021 年 12 月 31 日	2020 年 12 月 31 日	2019 年 12 月 31 日
总资产	279,937.44	257,308.24	318,060.14

续表

总负债	103,531.41	69,547.10	131,625.91
股东权益	176,406.02	187,761.13	186,434.23
项目	2021 年	2020 年	2019 年
营业收入	69,744.51	428,344.37	567,271.94
利润总额	-17,324.01	2246.76	5250.54
净利润	-17,174.02	1589.91	3634.58

(二)标的公司基本情况

本次收购交易中,购买的标的公司为 2 家某投资公司,实际通过持有两家某投资公司间接持有某民营医院 29.8658% 股权。本次交易前,某民营医院的关系结构如图 1-11-1 所示。

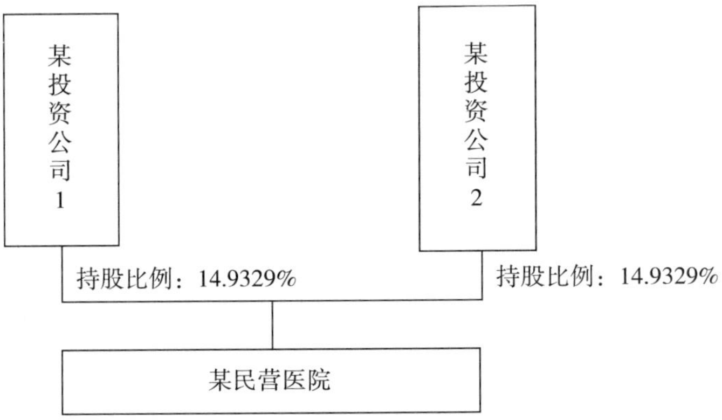

图 1-11-1　某民营医院股权关系结构

两家某投资公司主营业务均为投资咨询及管理等。其最近一年及一期的财务状况和经营成果如表 1-11-2、表 1-11-3 所示。

表 1-11-2　某投资公司 1 基本财务指标

单位:万元

项目	2021 年 7 月 31 日	2020 年 12 月 31 日
总资产	10,795.03	10,968.20
总负债	18,166.59	18,165.31
股东权益	-7371.56	-7197.11

续表

项目	2021 年 1 ~ 7 月	2020 年
营业收入	33.96	179.55
净利润	-174.45	16.26

表 1-11-3　某投资公司 2 基本财务指标

单位：万元

项目	2021 年 7 月 31 日	2020 年 12 月 31 日
总资产	7540.03	7697.93
总负债	14,122.31	14,122.31
股东权益	-6582.28	-6424.39
项目	2021 年 1 ~ 7 月	2020 年
营业收入	0	0
净利润	-157.89	0.96

（三）资产重组方案精要

1. 现金收购标的公司的交易方案

B 公司拟以自有资金 89,597.40 万元收购某投资公司 1 的 100% 股权及某投资公司 2 的 100% 股权，两家投资公司分别持有某民营医院 14.9329% 的股权，以实现 B 公司间接持有某民营医院 29.8658% 的股权。

2. 本次交易的评估情况

本次交易经中瑞世联资产评估集团有限公司评估，截至 2021 年 7 月 31 日，某投资公司 1 的股东全部权益价值为 31,086.95 万元，增值率为 521.71%，某投资公司 2 的股东全部权益价值为 31,876.23 万元，增值率为 584.27%。《交易公告》显示，标的公司增值的主要原因为对某民营医院的长期股权投资增值；而对某民营医院采用收益法估值，其股东全部权益价值为 303,000 万元，增值率为 941.81%。

3. 本次交易的目的

《交易公告》披露，本次交易有利于上市公司借鉴某民营医院的优秀经验，扩展上市公司医疗服务网络，进一步提升上市公司的综合竞争能力和后续发展能力，增强上市公司的抗风险能力和持续经营能力，有利于为公司股东创造更多价值，符合上市公司全体股东的长远利益。

二、案例分析

(一)行权过程

2021年9月1日,投服中心向B公司发送了股东质询建议函,质疑标的公司的估值合理性,建议B公司补充说明某民营医院的核心竞争力;同时,建议公司综合考虑行业内历史并购失败案例,审慎评估交易风险。B公司于2021年9月30日召开2021年第4次临时股东大会,审议通过了本次收购事项。

(二)行权内容分析

1. 建议B公司进一步说明标的公司估值的合理性

公告披露,标的公司下属主要资产是一家位于上海的民营综合医院,公司对上海证券交易所就本次收购事项所出具的问询函的回复公告显示,标的公司2019年、2020年及2021年1~7月的净利润分别为-3567.42万元、121.36万元及-731.96万元,盈利能力相对较弱。本次交易中,B公司采用市销率估值方式预测标的公司估值,选取爱尔眼科(300015)、锦欣生殖(01951.HK)等4家可比上市公司做参考,并称标的公司的市销率不高于所选可比公司的平均值。由于本次交易完成后,B公司将间接持有标的公司29.8658%股权,在标的公司董事会9个席位中仅占3个席位,不能对标的公司形成控制,标的公司也不纳入B公司合并报表。若B公司对其长期股权投资以权益法核算,公司能从标的公司分得多少投资收益,以及标的公司的盈利能力应成为本次收购的主要关注点。而B公司单纯使用市销率对标的公司进行估值,并不能全面、客观地反映标的公司的盈利能力。另外,公司选择的部分可比公司如爱尔眼科、锦欣生殖等为专科医院,与综合医院在毛利率、三费费用率(销售费用、管理费用及财务费用合计值/销售收入)等方面均存在较大差异。例如,爱尔眼科2020年的销售毛利率高达51.03%,三费费用率为21.68%,而Wind行业中心综合医院2020年整体销售毛利率仅为13.25%、三费费用率为28.54%。因此,投服中心建议本次估值除市销率外,是否可以考虑增加其他可全面、客观反映标的公司盈利能力的指标进行合理估值。

此外,以标的公司2020年净利润121.36万元及估值上限30亿元初步计算,标的公司2020年市盈率高达约2471.98倍。依据Wind行业中心数据(截至2021年

8月30日)，沪深A股综合医院的市盈率平均值为219.53倍，最高值为847.84倍，远低于标的公司。同时，对比近期上市公司收购民营医院的可比交易，2021年7月，盈康生命收购苏州广慈肿瘤医院100%股权时的市盈率为21.7倍，[①]2021年2月，麦迪科技收购海口玛丽医院49%股权时的市盈率为16.9倍，[②]二者均远低于标的公司。请B公司说明本次交易标的公司估值远高于行业均值、近期可比交易的合理依据。

2. 建议B公司补充披露标的公司的核心竞争力

B公司披露，某民营医院属于中高端医疗服务行业，具有高技术、高价格、高质量的特点。依据公司披露的信息，经计算，某民营医院2020年单次门诊费用为2798.7元，人均住院费用为52,319.95元，[③]远高于2020年全国医院次均门诊费用324.4元，人均住院费用10,619.2元。[④] 但经计算，某民营医院的病床使用率为45.31%，[⑤]却远低于2020年民营医院的平均病床使用率57.3%，更低于公立医院平均病床使用率77.2%。[⑥] 同时，B公司披露，某民营医院2020年医保收入占医疗收入的比例仅为5.1%，占比较低。关于高价格是否制约患者就诊数量的增长，请公司结合某民营医院的收费价格及患者就诊数量的变化趋势，说明某民营医院如何将高价格优势转化为盈利优势。

关于某民营医院的高质量特征，高水平的软硬件结合才能产生高质量。B公司称，在硬件方面，某民营医院配备了先进的大型设备等。但高端设备也意味着高投入、高成本。某民营医院自2014年开始运营以来，除2020年产生微利外持续亏损。请B公司说明某民营医院的盈亏平衡点；在假设对现有设备不进行更新的前提下，某民营医院的营业收入在何种情况下可以覆盖目前的成本费用，从而转化为未来盈利。此外，在软环境方面，公司称某民营医院具有高技术特征，全职医护人员超

---

① 该交易的重组草案显示，收购对价为6.31亿元，苏州广慈肿瘤医院2020年的净利润为2907.49万元，以此计算其2020年的市盈率为21.7倍。

② 该交易披露的评估报告显示，海口玛丽医院的整体估值为2.27亿元，海口玛丽医院2020年的净利润为1341.42万元，以此计算其2020年的市盈率为16.92倍。

③ 依据B公司披露，标的公司2020年门诊收入为18,349万元、门诊人次为65,562次，住院收入为17,726万元、出院人次为3388次计算所得。

④ 数据源于《2020年我国卫生健康事业发展统计公报》。

⑤ 依据公司披露的标的公司2020年日均平均使用床位数为58张，实际开放床位为128张计算所得。

⑥ 数据源于《2020年我国卫生健康事业发展统计公报》。

过 177 人,多点执业医生超过 50% ,多点执业的专家累计超过 2300 名等。国家卫生健康委员会曾明确建立医师区域注册制度,即医师可以在主执业机构所在省或县级行政区域多个医疗机构执业,仅需注册一次,全区域有效。这意味着医师可以自由选择在多个医疗机构进行多点执业。请 B 公司说明,某民营医院是否与其现有多点执业医师签订了排他性执业协议,并结合某民营医院目前多点执业医师的运营模式、与各医师确定的结算比例等说明某民营医院如何将高技术优势转化为盈利优势。

综上,标的公司的现有盈利能力较弱,请 B 公司针对前述问题补充披露标的公司的核心竞争力。

3. 建议 B 公司综合考虑行业内历史并购失败案例审慎评估交易风险

经梳理历史并购案例,上市公司收购民营医院后业绩不达预期者不乏个案。如盈康生命于 2017 年 2 月以 5280 万元收购杭州中卫中医肿瘤医院(现改名为杭州怡康中医肿瘤医院,以下简称杭州怡康)100% 股权。2021 年 8 月,盈康生命公告称杭州怡康的资产和收入规模较小,尚未产生盈利,由于不符合其公司定位,拟以 134.61 万元出售杭州怡康 100% 股权。此外,盈康生命曾于 2017 年至 2018 年通过全资子公司收购了四川友谊医院(以下简称四川友谊)100% 的股权及重庆华健友方医院有限公司(以下简称华健友方)51% 的股权。依据盈康生命的历史年报,四川友谊 2018 ~ 2020 年的业绩承诺完成率仅为 57.1% ;华健友方 2018 ~ 2020 年的业绩承诺完成率为 57.43% 。截至 2020 年年末,盈康生命对前述 3 家民营医院累计计提商誉减值 42,552.6 万元。投服中心建议 B 公司综合考虑行业内历史失败案例,审慎评估并充分披露本次交易可能面临的潜在风险。

案例12　D公司变更业绩承诺补偿义务人

2021年3月，上市公司D公司公告了《关于变更业绩承诺补偿义务人暨拟签订〈债务转移三方协议书〉的公告》（以下简称《变更承诺人公告》），拟将原业绩补偿人L变更为新业绩补偿人B。

一、案例简介

（一）上市公司基本情况

D公司成立于2001年12月，于2006年11月在深圳证券交易所上市交易。在本次事项公告时，车某为D公司的控股股东与实际控制人。

D公司主要从事海水养殖、水产品加工与体外诊断业务。其最近一年一期的财务状况和经营成果如表1－12－1所示。

表1－12－1　D公司基本财务指标

单位：万元

项目	2019年12月31日	2020年12月31日
资产总额	374,801.19	327,911.65
负债总额	199,979.47	183,480.83
净资产	174,821.72	144,430.82
项目	2019年	2020年
营业收入	58,557.58	42,798.48
营业利润	－87,904.78	－30,487.87
净利润	－102,947.38	－29,958.04

(二)前次收购及业绩补偿情况

2016年,D公司以现金4.3亿元收购V公司100%股权,并承担V公司购买土地、厂房等所产生的负债人民币2000万元,上述交易不构成重大资产重组或关联交易。V公司的主营业务为研发和生产HIV(艾滋病)检测试剂和HTLV(白血病毒)检测试剂产品。

交易对手方L承诺V公司2016~2018年经审计的扣非净利润分别不低于400万美元、600万美元与1200万美元。然而,V公司2016年、2017年和2018年经审计的扣非净利润分别为410.70万美元、605.99万美元、-159.27万美元,未完成2018年度的业绩承诺,L作为补偿义务人应向D上市公司支付业绩补偿款。

补偿义务人L于2019年4月16日签署了《关于V公司业绩补偿的声明》,承诺于2019年12月10日前以现金方式对D公司补偿1359.27万美元(折合人民币9332.16万元)。2019年12月10日,补偿义务人L签署了《关于业绩承诺补偿延迟支付的声明》,承诺于2020年12月10日前以现金方式支付业绩补偿款,延迟期间按同期银行借款利率计收利息。截至2020年12月10日,D公司未收到补偿义务人L的业绩承诺补偿款。

(三)本次协议安排

鉴于补偿义务人L长居海外,综合考虑国内外环境的影响,为行使上市公司追讨上述款项的权利,经上市公司与补偿义务人L及新业绩补偿人B协商后,三方拟签署《债务转移三方协议书》,新业绩补偿人B取得补偿义务人L持有的相关资产,补偿义务人L将其应付上市公司业绩承诺补偿款的债务转移给新业绩补偿人B。协议签署生效后,新业绩补偿人B将以现金方式偿还全部债务,业绩承诺补偿义务人将由补偿义务人L变更为新业绩补偿人B。

(四)新业绩承诺方情况

新业绩补偿人B成立于2007年6月12日,注册资本17.5万美元,郭某荣持有其100%股权。公告披露,新业绩补偿人B持有部分境内金融资产(包括但不限于基金股票等),该金融资产估值随行就市、变现性较强,公告披露日估值约人民币1亿元。

二、案例分析

(一)行权过程

由于公告未披露 B 从 L 处取得资产的情况以及 B 的偿债能力,2021 年 3 月 29 日,投服中心通过发送股东函件方式,请 D 公司说明新业绩补偿人 B 从原业绩补偿人 L 处取得资产的具体内容、相应金额以及是否存在产权瑕疵,同时建议上市公司对 B 的偿债能力、经营情况以及信用状况等进行充分的尽职调查。

(二)行权内容分析

D 公司拟将 V 公司的业绩补偿义务人由补偿义务人 L 变更为新业绩补偿人 B。投服中心对新业绩补偿人 B 的偿债能力尚存疑问,依法行使股东质询建议权,具体如下。

2016 年,D 公司以人民币 43,000 万元收购了 V 公司 100% 股权,并承担了标的公司购买土地、厂房等所产生的负债人民币 2000 万元。业绩承诺方补偿义务人 L 承诺,标的公司 2016～2018 年经审计的扣非净利润分别不低于 400 万美元、600 万美元与 1200 万美元。由于标的公司 2018 年未完成业绩承诺,业绩承诺方补偿义务人 L 应补偿上市公司 1359.27 万美元(折合人民币约 9332.16 万元),上述补偿至今尚未完成。

根据变更承诺人公告,上市公司拟与补偿义务人 L 以及新业绩补偿人 B 签订《债务转移三方协议书》(以下简称本次协议),约定新业绩补偿人 B 取得补偿义务人 L 持有的相关资产,补偿义务人 L 将其应付上市公司的业绩承诺补偿款的债务转移给新业绩补偿人 B 承担。请 D 公司补充说明新业绩补偿人 B 从补偿义务人 L 处取得资产的具体内容及相应金额,并说明上述资产以及新业绩补偿人 B 的其余资产是否存在产权瑕疵,必要时是否均可用于偿还应付上市公司的业绩补偿款。

此外,《变更承诺人公告》未详细披露新业绩补偿人 B 的财务状况,仅披露其持有估值约为人民币 1 亿元的境内金融资产。由于本次协议拟定的业绩补偿时限为 2022 年 6 月 30 日,距发送股东函件时仍有 1 年多的时间,考虑金融资产价格波动较大,届时新业绩补偿人 B 能否足额偿还业绩补偿款仍具有不确定性。建议 D 公司在签订本次协议前,对新业绩补偿人 B 的偿债能力、经营情况以及信用状况等方面进行充分的尽职调查,并补充披露新业绩补偿人 B 的主要财务数据,包括但不限于总资产、净资产、营业收入与净利润等指标,并说明新业绩补偿人 B 对其他方的债务情况,以及新业绩补偿人 B 在扣除境内金融资产后的偿债能力。

(三)行权效果

2021 年 3 月 31 日,上市公司 D 公司以公告形式回复了投服中心的问题。D 公司补充披露了新业绩补偿人 B 从原业绩补偿人 L 处取得资产的情况,表示该部分资产为补偿义务人 L 个人对外投资的金融资产,系补偿义务人 L 与新业绩补偿人 B 共同参与投资深圳玖富明远投资合伙企业的基金投资份额。根据《合伙协议》等约定,该合伙企业 2022 年届满到期,在届满到期前该投资份额无法单独分割变现。鉴于此,综合考虑补偿义务人 L 长居海外以及国内外环境的影响,故补偿义务人 L 放弃其持有的该部分资产权益,将其转让给新业绩补偿人 B,由新业绩补偿人 B 代为偿还业绩承诺补偿款。该部分资产投资价值约人民币 1.3 亿元,无查封、冻结等瑕疵情形。新业绩补偿人 B 在境内除持有深圳玖富明远投资合伙企业的基金投资份额外,还持有境内股票等有价证券投资等资产,该资产亦不存在查封、冻结等瑕疵情形,必要时均可用于偿还应付上市公司的业绩补偿款。

此外,D 公司补充披露了新业绩补偿人 B 的部分财务数据,表示 B 目前具备偿债能力。投服中心在本次行权中起到了督促上市公司释疑的作用,有利于保障投资者的知情权。

案例 13　L 公司收购某信息技术有限公司 51%股权

2021 年 3 月,上市公司 L 公司公告了《重大资产购买报告书(草案)》(以下简称《重组方案》),L 公司与交易对方某数据有限公司签署《L 公司与某数据有限公司之支付现金购买资产协议》(以下简称《购买资产协议》),拟使用自有资金收购交易对方所持有的某信息技术有限公司(以下简称标的公司)51% 股权。

一、案 例 简 介

(一)上市公司基本情况

L 公司设立于 1989 年 9 月,于 1992 年 11 月在深圳证券交易所上市交易。发布《重组方案》时,L 公司股价为 6. 57 元/股,总股本为 184, 819, 607 股,总市值 121, 426. 48 万元。在本次交易时,L 公司控股股东为广州某控股集团有限公司,持股比例为 22. 65% ,实际控制人为余某。

L 公司主要从事房地产开发及物业管理业务,其中物业管理业务现为公司主要收入来源。截至《重组方案》发布日,公司房地产存货中的住宅已经基本销售完毕,仅剩余车位及少量商铺,公司目前无土地储备,亦无正在开发及待开发房地产项目。其最近三年一期的财务状况和经营成果如表 1 – 13 – 1 所示。

表1-13-1 L公司基本财务指标

单位:万元

项目	2020年11月30日	2019年12月31日	2018年12月31日	2017年12月31日
资产总计	23,868.01	24,687.16	41,649.41	51,808.03
负债合计	3772.51	3701.90	19,679.13	37,086.82
所有者权益	20,095.51	20,985.25	21,970.28	14,721.21
项目	2020年1~11月	2019年	2018年	2017年
营业收入	1385.77	1631.87	1741.43	2206.13
营业利润	-1381.81	-1604.09	7406.14	-8344.69
净利润	-874.80	-903.11	7744.15	-8326.08

(二)标的公司基本情况

标的公司于2017年10月成立,主营业务为互联网数据中心业务,主要为客户提供机柜出租等服务,所经营的数据中心坐落于河北省三河市。其财务状况和经营成果如表1-13-2所示。

表1-13-2 标的公司的基本财务指标

单位:万元

项目	2020年11月30日	2019年12月31日	2018年12月31日
资产总计	16,738.47	17,519.22	17,501.90
负债合计	3480.59	4904.10	17,928.78
所有者权益	13,257.88	12,615.12	-426.88
项目	2020年1~11月	2019年	2018年
营业收入	4397.22	3624.75	474.62
营业利润	857.02	219.35	-932.43
净利润	642.76	164.36	-699.32

(三)交易方案精要

根据《重组方案》,L公司拟以自有资金收购某数据有限公司持有的标的公司51%的股权。本次交易构成《上市公司重大资产重组管理办法》规定的重大资产重组,但《重组方案》中无对业绩承诺及补偿协议的约定。

1. 估值及交易作价

以某会计师事务所出具的《审计报告》为基础，评估机构对标的公司在评估基准日2020年11月30日的股东全部权益进行评估，并出具了资产评估报告，标的公司经审计后净资产账面价值为13,257.88万元，采用收益法评估后的股东全部权益价值为13,530.00万元，评估增值272.12万元，增值率2.05%。参照该等评估值，经双方协商，标的公司交易价格为15,000.00万元，对应标的公司51%股权的交易价格为7650.00万元。

2. 借款约定

根据《重组方案》，在标的公司交割完成后8个工作日内，L公司向标的公司提供3520.83万元借款。该借款用于偿还截至《购买资产协议》签署日，标的公司应付某数据公司的全部应付款项金额的51.00%。

二、案例分析

(一)行权过程

2021年3月，投服中心向L公司发送股东函件，希望公司在临时股东大会召开前解决标的公司资产权属受限的问题，并以公告的形式向投资者充分释疑标的公司对单一客户存在重大依赖是否符合行业惯例，及其是否对标的公司的可持续经营造成影响。

(二)行权内容分析

1. 关于标的公司资产权属存在瑕疵

根据L公司公告，2019年12月，本次交易对方某数据有限公司与JX投资签署《最高额股权质押担保协议》，为HJKP公司与JX投资的主借款合同提供担保，某数据有限公司以其持有的标的公司100%股权和派生权益在不超过人民币1.4亿元的范围内向JX投资提供质押担保；同时，标的公司与JX投资签署《动产抵押担保协议》，标的公司将原值共计9104.39万元的机器设备抵押给JX投资，为HJKP公司与JX投资的主借款合同提供担保。截至《重组方案》签署日，标的公司的股权质押尚未被解除，其主要机器设备仍处于抵押状态。针对上述事宜，某数据有限公司承诺至迟于L公司股东大会审议通过本次交易后5个交易日内，或股东大会召开前监管机构问询要求解除上述权利限制时,保证会协调各相关方,解除标的公司股权及资产的全部权利限制。鉴于标的公司股权为本次交易的主要内容且机器设备为标的公司能否正常运营的关键因素,若不能在股东大会审议前彻底解决资产权利受限的问题,则可能会加大 L 公司的交易风险;若支付购买价款后权属限制的障碍仍无法消除,将可能会损害 L 公司及股东的合法权益。因此,投服中心建议上市公司在召开股东大会审议本次交易前解除标的公司权利受限问题,以消除因质押和抵押带来的潜在不利影响。

2. 关于标的公司的持续盈利能力

标的公司与中国某通共同向 M 公司提供互联网数据中心服务,其中,中国某通主要提供带宽,标的公司提供机柜租赁服务。标的公司的直接客户为中国某通,终端客户为 M 公司,标的公司与中国某通签订《IDC 服务合同》,而不直接与 M 公司签订合同。2018 年、2019 年及 2020 年 1 ~ 11 月,标的公司将机柜全部出租给中国某通的销售额为 474.62 万元、3624.75 万元、4397.22 万元,其销售额占当期营业收入比均为 100%。由此可见,标的公司客户单一,对中国某通存在重大依赖。未来,如果标的公司无法保持与中国某通的持续合作关系,将对其经营业绩产生较大不利影响。请 L 公司说明,标的公司与中国某通的合作关系是否具有持续性。

(三)行权效果

L 公司在收到股东函件后,于 4 月某日以公告形式对投服中心的建议及质询予以回应。针对标的公司资产瑕疵问题,L 公司采纳了投服中心的建议,即在股东大会召开前对标的公司的股权质押和动产抵押担保办理了注销登记,使标的资产权力受限问题得以解决;针对标的公司持续盈利能力问题,L 公司围绕标的公司单一客户的具体原因、合理性以及与单一客户的合作可持续性进行了充分说明。同时,L 公司还修订了本次交易的《重组草案》。本次交易最终获得股东大会审议通过。

案例14　督促O公司积极追偿业绩补偿款

2021年3月,O股份有限公司(以下简称O公司)发布了《关于参股公司某电池公司业绩承诺完成情况的进展公告》。公司披露,业绩承诺方某电池公司(标的公司)及其连带保证人LXQ未能如约向公司支付2018年的业绩补偿款11,552.0845万元。

一、案例简介

(一)上市公司基本情况

O公司成立于2006年,于2010年5月在深圳证券交易所创业板上市交易。O公司专业从事平板显示真空薄膜材料的研发、生产、销售和服务。

(二)标的公司基本情况

标的公司在动力电池领域主要致力于18650三元材料锂电池的研发生产,实际控制人为LXQ。

O公司于2016年2月以8亿元向标的公司增资,其中2285.9947万元作为标的公司的新增注册资本。增资完成后,O公司持有标的公司10%的股权。

(三)业绩补偿完成情况

交易时,标的公司及原股东承诺,2016~2018年标的公司扣除非经常性损益后净利润分别不低于40,000万元、70,000元及120,000万元。O公司披露,标的公司2018年未实现业绩承诺,需补偿公司11,552.0845万元。2020年3月30日,O公司与标的公司补充签订《业绩补偿协议》,标的公司需于2020年7月20日向O公司支付不低于2310.4169万元,剩余款项于2020年9月30日前补偿O公司。若未支付,则需按照人民银行同期存款利率支付公司利息作为违约金,标的公司的实际控制人LXQ对前述义务承担连带保证责任。截至2021年3月,履约期限已过,O公司仅收到标的公司支付的业绩补偿款100万元。

二、案例分析

(一)行权过程

2021年3月,投服中心通过发送质询建议函的方式,对公司董事会未披露具体的追偿措施、是否拟与LXQ协商将其质押给公司的标的公司1.5%的股权抵偿部分欠款两方面存疑行使股东质询建议权。

(二)行权内容分析

1. 建议O公司董事会披露拟采取的具体追偿措施

依据公司历史公告,上市公司O公司于2016年2月以8亿元向某电池公司增资,其中2285.9947万元作为标的公司的新增注册资本,增资完成后,O公司持有标的公司10%的股权。

依据《深圳证券交易所创业板上市公司规范运作指引(2020年修订)》第7.4.11条规定,上市公司董事会应当充分关注承诺履行情况,承诺人违反承诺的,董事会应当主动、及时采取措施督促承诺人承担违约责任,并及时披露公司采取的补救措施、进展情况、违约金计算方式及董事会收回相关违约金的情况等内容。而O公司2021年3月披露的《关于参股公司某电池公司业绩承诺完成情况的进展公告》中并未提及标的公司应支付的违约金总额及计算方式,也未提出董事会拟采取的具体补救措施、拟采取措施的期限安排等,仅简单披露将"强化催收工作、采取更多催收措施、不排除采取包括法律诉讼在内的必要措施等维护公司及投资者利益"。投服中心建议上市公司对前述问题进一步明确并补充披露。

2. 建议上市公司及时与LXQ协商以质押的股权抵偿部分欠款

O公司披露,LXQ已将其持有的标的公司1.5%股权质押给公司作为履约保证,并于2020年4月24日完成了股权质押的登记手续。依据标的公司2019年年末的评估价值,标的公司1.5%质押股权的公允价值约为0.9亿元。《中华人民共和国民法典》第436条规定,债务人不履行到期债务或者发生当事人约定的实现质权的情形，质权人可以与出质人协议以质押财产折价，也可以就拍卖、变卖质押财产所得的价款优先受偿。请上市公司说明上市公司于 2020 年 3 月 30 日与 LXQ 签署的《担保协议》中关于实现质权方式的约定内容。

考虑诉讼时效的限制，为有效维护公司及广大投资者利益，投服中心建议上市公司尽快与连带保证人 LXQ 协商，在重新评估标的公司公允价值（前次评估基准日至今已超过 1 年）的基础上，探讨以标的公司 1.5% 质押股权折价抵偿欠款，或双方协商向管辖法院提起诉讼，申请法院通过拍卖、变卖质押股权清偿欠款；若质押股权的价值不足以覆盖业绩补偿款及违约金，建议 O 公司同时以诉讼方式向标的公司及原股东追偿。

（三）行权效果

2021 年 4 月，O 公司以公告的形式对质询建议的问题进行了回复。

案例15　P公司出售标的公司88%股权

2021年2月,P半导体公司(以下简称P公司)公告了《关于转让子公司股权的公告》,拟以5104万元出售BC影视公司(以下简称BC公司)88%的股权。

一、案例简介

(一)上市公司基本情况

P公司成立2004年,于2010年1月在深圳证券交易所创业板上市交易。P公司的主营业务为功率半导体器件的研发、制造、销售及服务。

(二)标的公司基本情况

BC公司于2006年成立。经营范围是广播电视节目制作以及组织文化艺术交流活动。截至2020年12月31日,BC公司资产总额为11,414.24万元,负债总额为5663.60万元,应收款项总额为2997.84万元,净资产为5750.64万元;2020年度BC公司营业收入12,270.55万元,营业利润-1036.93万元,净利润-496.39万元,经营活动产生的现金流量金额3093.07万元。

(三)本次交易方案精要

本次交易不构成《上市公司重大资产重组管理办法》规定的重大资产重组,根据《深圳证券交易所创业板股票上市规则(2020年12月修订)》等法律、法规和《公司章程》等规章制度的相关规定,本次交易事项需提交股东大会审议。本次交易不涉及关联交易,也不构成《上市公司重大资产重组管理办法》规定的重大资产重组情况。

二、案 例 分 析

（一）行权过程

2021年2月10日，投服中心以发送股东质询建议函的形式，对出售方案中未具体披露尚未完成的补偿安排以及现行分红方案是否有利于保护公司利益两方面提出如下问题及建议。同月19日，上市公司以公告的形式对质询的问题进行了回复。

（二）行权内容分析

1. 建议P公司补充披露尚未完成的补偿在本次出售中如何处理

依据P公司历史公告，P公司于2016年6月以38,000万元收购BC公司100%股权，业绩承诺方承诺2016～2020年标的公司扣除非经常性损益后净利润不低于3000万元、3900万元、5070万元、5000万元及5000万元。由于标的公司2017～2019年均未完成业绩承诺，业绩承诺方应累计补偿11,393.56万元，其中2017年的4888.51万元已由待支付的剩余收购价款中抵扣，剩余6505.05万元未披露是否已实际完成补偿。截至2019年12月31日，P公司已支付股权收购对价25,663.49万元。依据标的公司审计报告，BC公司2020年净利润为－496.4万元，因尚未披露2020年业绩承诺实现情况的审核报告，尚不确定2020年业绩承诺方应补偿的数额。但依据延长业绩承诺的补偿方案，若标的公司实现业绩低于承诺净利润（5000万元）80%时，业绩承诺方应补偿约4496.4万元（承诺净利润×80%－当年净利润，2020年净利润以－496.4万元初步计算）。请P公司补充披露在本次股权出售后P公司是否保留对业绩承诺方2020年业绩补偿款进行追索的权利，将如何实现。

同时，P公司于2019年12月31日对标的公司全额计提了商誉减值准备35,319.88万元，发生资产减值已是大概率事件。依据延长业绩承诺的补偿方案，承诺期结束后，P公司拟对标的公司截至2020年12月31日的资产进行减值测试，若标的资产期末减值额大于已补偿金额的，业绩承诺方另行对公司进行补偿。请公司说明将何时完成对标的公司的减值测试，若发生应补偿情况，公司是否在本次股权出售后仍保留对业绩承诺方追索的权利。

此外，依据延长业绩承诺的补偿方案，业绩承诺方承诺，2020年12月31日标的公司账面记载的应收账款余额应于 2021 年 12 月 31 日全部收回;若不能按时收回,承诺方应现金补偿。依据 BC 公司的审计报告,截至 2020 年 12 月 31 日,标的公司的应收账款为 2997.84 万元。请上市公司补充说明在本次股权出售后,业绩承诺方是否将继续履行前述承诺。投服中心建议上市公司督促业绩承诺方在本次股权出售前完成未收回应收账款的现金补偿或采取其他必要的追偿措施。

2. 现行分红安排是否有利于保护公司利益

本次交易公告披露"标的公司如有应付但未付转让方的分红款,应于本协议签订后 6 个月内将此笔分红款支付给转让方,受让方不对此承担其他责任"。虽然标的公司连续 4 年未完成业绩承诺,但标的公司 2016 ~ 2020 年累计实现净利润 8714.2万元,截至 2020 年 12 月 31 日未分配利润为 5020.61 万元。请 P 公司说明按照标的公司的现行公司章程,标的公司近年来应向 P 公司累计分红的金额,并建议公司董事会比较"先分红后出售"方案与现行分红方案哪种模式更有利于保护公司利益。请公司说明若标的公司在多数股权出售后未能如期向公司支付分红款,上市公司将采取何种追偿措施。

(三)行权效果

2021 年 2 月,P 公司以公告的形式对质询建议的问题进行了回复。

案例16　对Q公司修改公司章程事项开展公开征集股东表决权

2021年6月14日,投服中心在日常行权线索分析中发现,Q公司的大股东S公司向其提交了修改公司章程的议案,引起了市场广泛关注与讨论。经分析研究,投服中心认为该议案关于修改公司章程的内容与投服中心历来反对在上市公司章程中设置不当反收购条款的公司治理理念相契合,于是决定采取公开征集股东表决权的方式行权,以期推动Q公司章程的修订,助力提高上市公司治理水平,保护投资者合法权益。6月30日,Q公司关于修改公司章程的议案经股东大会表决通过,投服中心首单公开征集获得成功。

一、本次公开征集的背景

由于Q公司股权历来较为分散,其主要股东持股比例相对较低,且非一致行动人,Q公司自2009年以来就处于无实际控制人的状态,前两大股东一直为Y公司和Z公司。

Q公司于2016年6月29日召开2015年年度股东大会,审议通过了公司章程修订议案,增加了公司被并购后解聘董事、监事、高级管理人员需给予高额经济赔偿、每年董事更换人数受比例限制、职工董事及职工监事的工作年限要求等不当反收购条款。当时Q公司持股5%以上的股东仅有Y公司(11.91%)和Z公司(5.57%)两家,其余股东的持股比例均低于1%。从股东出席情况和表决结果看,出席会议的中小投资者占Q公司股份总数的6.60%,其中虽仅有49.61%股份赞成,但因合计持股17.48%的Y公司和Z公司均出席会议并赞成,使此次修改议案以 86.35% 的赞成比例表决通过。投服中心于 2017 年即向 Q 公司发送股东函,建议其删除公司章程中的不当反收购条款,但 Q 公司未予回复,也未予修改。

2021 年 3 月初,S 公司通过二级市场增持的方式持有 Q 公司 10% 股权,成为第一大股东。6 月 14 日 Q 公司公告称,S 公司提出《关于修改公司章程的议案》,拟提交 2020 年年度股东大会审议表决。本次议案的主要内容是提请删除前述公司章程中所含 5 项不当反收购条款。但由于该议案并非由 Y 公司、Z 公司或现任董事会主动发起,而前 3 家股东间存在控制权之争,使本次修改公司章程议案的表决结果具有不确定性。截至 2021 年 6 月 17 日,S 公司持有 Q 公司 13.30% 股权(3.43 亿股),Y 公司和 Z 公司共持有 14.19% 股权(3.66 亿股)。由于修改公司章程为股东大会特别决议事项,需由出席股东大会的股东所持表决权的 2/3 以上通过,若 Y 公司和 Z 公司不赞成(反对或弃权)该议案,仅凭 S 公司难以与其抗衡,仍需共持有 Q 公司 15.08% 股权的投资者赞成才有可能使该议案通过。因此,中小投资者的参与度及投票意向至关重要。

二、公开征集工作开展情况

(一)依法履职,规范履行行权程序

因公开征集股东表决权属于《持股行权工作指引》[证监办发(2018)45 号]规定的“情况非常复杂、性质非常敏感”的行权事项,投服中心根据《持股行权工作指引》规定,于 2021 年 6 月 16 日召开了行权立项会。经论证,投服中心认为 S 公司提交的关于修订公司章程中不当反收购条款的议案合法、合理,有利于提高上市公司的治理水平和保护投资者合法权益,决定作为征集人,通过公开征集股东表决权的方式赞成上述议案,并于 2021 年 6 月 17 日向中国证监会进行了报备。同时,为保证公开征集的顺利实施,投服中心及时与深圳证监局、深圳证券交易所进行沟通并建立了协作机制。

(二)公开透明,强化宣传引导与示范引领

2021 年 6 月 17 日,投服中心向 Q 公司发送了《公开征集投票权报告书》,督促公司及时公告。经反复沟通,Q 公司于 6 月 21 日晚披露了《公开征集投票权报告书》。

为使公开征集事项让市场,特别是中小投资者广为知悉,投服中心联系了《中国证券报》《上海证券报》《证券时报》《证券日报》等证券类主要媒体,于《公开征集投票权报告书》公告后立即刊载了《投服中心针对Q公司修改公司章程事项公开征集股东投票权》的新闻稿件,公开论述了Q公司章程中反收购条款对上市公司及股东利益的损害性,呼吁广大股东委托投服中心代为行使表决权或以自行现场参会、网络参会等方式积极行使股东权利。同时,投服中心通过多家证券公司将公开征集事宜定向告知Q公司的投资者。

(三)多措并举,积极接受股东咨询及委托

为便于接受投资者的咨询及委托,投服中心开通了公开征集电话专线及电子邮箱,于6月22日至6月30日接听并答复投资者来电。同时,投服中心使用官方认证号,在东方财富股吧里回复投资者关于公开征集的疑问。

投资者委托比较积极,征集公告发布后15分钟内,就有投资者致电投服中心,表示认可投服中心的观点,请求投服中心代其出席股东大会并投票,且次日就将委托材料寄出。征集期间,共51位投资者致电投服中心表达委托表决权的意愿。但考虑到本次公开征集时间有限,仅不到5天(6月21日19:00征集报告书公告日至6月26日18:00征集截止日),投服中心建议准备材料不方便或路途较远来不及邮寄的投资者自行通过网络投票方式参与表决。投服中心聘请了律师事务所对至征集截止日收到的投资者委托材料进行了见证。经律师审核,授权委托均合法有效。6月30日,因受疫情影响,投服中心委托公益律师出席Q公司2020年年度股东大会,并代本次接受委托的股东行使表决权。

(四)快速调查,校验公开征集工作效果

为客观了解投资者对本次公开征集的看法,投服中心在积极推进征集工作的同时,通过合作券商向市场1711名活跃中小投资者和123位机构投资者开展了快速调查。通过调查,投服中心了解了投资者对本次公开征集的看法、信息获取渠道、参与度等情况,为完善公开征集流程、优化公开征集标的选取等方面积累了有益的经验。

三、行权效果分析

(一)征集事项获得通过

Q公司《关于修改公司章程的议案》表决结果为:同意票11.45亿股,占出席会议股东所持有效表决权股份总数的74.15%;反对票868.73万股,占比0.56%;弃权票3.91亿股,占比25.29%。至此,修改公司章程的议案获得通过,Q公司章程中的不当反收购条款失效,投服中心首单公开征集获得成功。

从投票结果来看,中小投资者在本次公开征集议案的表决中起到了决定性作用。根据Q公司本次股东大会决议、投服中心现场参会情况以及交易所反馈的网络投票结果推断,以现场参会的Y公司、Z公司及持股董事、监事、高级管理人员为主的投资者共投出了3.91亿股(占参会表决权的25.29%)弃权票,个别投资者投出了868.73万股(占参会表决权的0.56%)反对票,与上文投服中心论述本次公开征集的必要性中所作的判断相符。所以,在本次基于资本力量对决的公司治理事件中,正是持有Q公司8.47亿股股份(占Q公司32.83%股权)的3019名中小投资者积极参会并几乎全部投赞成票,才促成了本次修改公司章程议案的通过,中小投资者参与公司治理初显成效。

(二)示范引领效应凸显

此次公开征集极大激发了广大投资者参与公司治理的热情,形成了较强的示范引领效果。2021年6月22日至6月30日(股东大会召开日)的舆情监测结果显示,本次公开征集相关新闻的阅读点击量超过16万次,投资者评论400余条,约超过78%的投资者表示认同投服中心的观点,表示会委托投票或自行投票删除不合理的公司章程。

从参与股东大会的情况来看,此次股东大会参与投票的股东共3026人(其中现场出席20人、网络投票3006人),代表股份15.45亿股,占公司有表决权股份总数的59.89%。其中,参与投票的中小投资者共3019人,代表股份8.47亿股,占公司有表决权股份总数的32.83%,占参会有表决权股份总数的54.82%,创下了Q公司股东大会中小投资者参会人数的纪录。除本次股东大会外,Q公司近3年(自2018年至今)共召开7次股东大会,其中中小投资者参会人数最多660人、最少40

人,平均约207人。可见,中小投资者在本次股东大会中的参与热情空前高涨。部分股东自发在东方财富股吧里发布网络投票操作方法,很多投资者将投票截图上传股吧,表示这是第1次行使了股东权利。

(三)市场反应积极正面

本次投服中心针对Q公司修改公司章程事项公开征集股东权利,是2019年《中华人民共和国证券法》(以下简称《证券法》)实施以来,法定投资者保护机构首次启动股东投票权公开征集,市场响应积极、评价正面。除四大证券报外,东方财富网、新浪、腾讯、搜狐、网易等70余家媒体进行了报道与转载,将这一案例评价为中国资本市场首例,是中国上市公司治理的里程碑事件。著名公司治理专家公开发表《辨析Q公司反收购条款:小股民应不应支持大股东》一文,从学理角度论述了Q公司章程中的反收购条款增加了董事、监事、高级管理人员换届成本,侵犯了股东的选择权,强调了投服中心此次公开征集的必要性。

四、案例思考

投服中心对本次案例进行了深入分析,拟在今后的公开征集工作中进一步完善机制、提升效率,为扎实履行《证券法》赋予的职能持续努力。

第一,行权切入点的准确选择是征集工作的方向保证。投服中心作为具有法定投资者保护机构职能的上市公司持股股东,必须严格、审慎行使《公司法》《证券法》赋予的法定权利,在征集过程中以法律为准绳,以披露为依据,以专业为保证,以独立为基础,避免利益冲突或陷入控制权之争。在此原则基础上,2019年《证券法》颁布后,投服中心对公开征集提案权、表决权的标的选取方向和内容进行了反复研究,并先后与沪深交易所、部分派出机构和行权专家开展了多次讨论,逐渐将征集重点集中于公司章程不当条款设置等公司治理类事项、修改业绩承诺以及三高收购等涉及投资者利益"痛点"的价值类事项两类,并以市场关注度较高的上市公司作为征集目标,以增强示范引领效果。本次Q公司的公开征集即同时符合上述两个标准。

第二,有效、及时的宣传是取得示范引领效果的必要保障。经过本次案例,投服中心深感公开征集的示范引领意义重大,同时深感未来还有许多工作要做。作为 2019 年《证券法》赋予投资者保护机构的重要职能,公开征集是投服中心运用市场化手段强化中小投资者保护的新探索,是中国资本市场的新事物。从调查监测结果看,广大投资者、上市公司等市场主体对公开征集的法律属性、投服中心开展公开征集的定位和意义、参与公开征集的方式方法等方面的认知均有待提高,仍需进行广泛、持续的宣传,积极唤醒广大投资者的权利意识,为未来征集工作的顺利推进创造良好的工作基础。

第三,投资者委托手段的便利度是影响公开征集效果的关键因素。目前,公开征集采用线下方式接受投资者委托材料,投资者需以纸质方式提供股东身份证明、持股证明和授权委托书等材料。由于股东大会通知公告日期与召开日期时隔较短,扣除报备论证、信息披露、材料审核以及双休日、节假日等时间,有效征集时间一般少于 7 天,导致绝大部分投资者无法按时完成委托材料的准备与寄送,导致提案权等有法定持股比例要求的公开征集无法开展,也无法对特殊表决事项征集到足够有效的股份数。因此,探索征集委托方式的电子化操作,特别是在交易系统内设电子委托功能,将是未来公开征集事项是否能够实现常态化开展的关键因素,对此必须加快研究论证和实施。

案例 17　Y 公司取消召开临时股东大会

2021 年 7 月，Y 公司披露了《关于取消 2021 年第二次临时股东大会的公告》，公司董事会经审慎考虑，决定取消原定于 7 月 16 日拟召开的临时股东大会。此举引发了市场关注。投服中心也接到了 Y 公司投资者对此次取消临时股东大会事件的大量投诉。

一、案例简介

(一)上市公司基本情况

Y 公司于 2000 年 7 月在上海证券交易所主板上市，主要从事电信网络运营支撑系统、企业 IT 运营支撑系统、信息安全等方面的行业应用软件开发、解决方案提供和技术服务。Y 公司 2018 年、2019 年、2020 年收入分别为 12.54 亿元、7.34 亿元、5.24 亿元，扣除非经常性损益后净利润分别为 -0.85 亿元、-2.80 亿元、-3.40亿元;2021 年第一季度营业收入 0.58 亿元，扣除非经常性损益后净利润为 -0.59 亿元。自 2017 年 12 月以来，Y 公司控股股东 Y 集团债务危机爆发，Y 公司主要银行账号被冻结均与控股股东 Y 集团债务纠纷相关。2017 年 12 月，因涉嫌信息披露违法违规，Y 公司被中国证监会立案调查，至本次取消召开临时股东大会事件发生时调查尚未结束。

(二)上市公司控股股东基本情况

控股股东 Y 集团于 2019 年 3 月 21 日进入司法破产重整。2020 年 12 月 25 日，H 市中级人民法院裁定重整计划执行完毕。基于《重整计划》，2021 年 1 月 1 日，Y 公司控股股东重整投资人 W 公司披露详式权益变动报告书称，Y 集团重整完成后，

W 公司持有 Y 集团 51% 股份,成为 Y 集团的控股股东并间接控制上市公司 32.89% 的股份;Y 集团已于 2020 年 12 月 21 日完成本次控股股东变更的工商变更登记。W 公司同时披露称,本次权益变动触及要约收购,拟促使 Y 集团在 30 日内将所持有的 Y 公司股份减持至 30% 或 30% 以下;若 Y 集团在其控股股东工商变更完成之日起 30 日内无法完成将股份减持至 30% 或 30% 以下,W 公司将向除 Y 集团以外的公司所有股东发出收购其所持有的全部已上市流通股的要约。2021 年 1 月 21 日,Y 公司控股股东工商变更登记之日起 30 日的期限届满。Y 公司公告称,由于目前 Y 集团解除所持股份司法冻结的手续尚未完全办理完毕,且公司仍处于立案调查阶段,上述减持计划尚未按照详式权益变动报告书中的承诺实施完毕。截至公告日,W 公司未促使 Y 集团将所持有的 Y 公司股份减持至 30% 或 30% 以下,也未按照前期披露及规则要求向 Y 公司其他所有股东发出全面要约。该情况触及《上市公司收购管理办法》第 75 条规定的情形。[①] 故此事件发生时,Y 公司控股股东不能行使其持有股份的表决权。

(三)本次事件的基本情况

2021 年 6 月 29 日,Y 公司董事会审议通过了《关于以集中竞价交易方式回购公司股份的方案的议案》《关于提请股东大会授权董事会全权办理本次回购股份相关事宜的议案》《关于召开公司 2021 年第二次临时股东大会的议案》,定于 2021 年 7 月 16 日召开 2021 年第二次临时股东大会并审议相关议案。

2021 年 7 月 3 日,公司董事会收到少数中小股东王某纬、郭某民、王某昇、吕某芬和王某业(合计持股 3.07%,以下简称提案股东)提交的《关于提请增加 Y 公司 2021 年第二次临时股东大会临时议案的函》及附件。提案人在函件中表示,在充分考虑公司利益及未来发展的前提下,提请增加如下临时提案,并提交 2021 年第二次临时股东大会审议:《关于修改公司章程的议案》《关于提请罢免曹某董事职务的议案》《关于提请罢免韩某丰董事职务的议案》《关于提请罢免陈某峰董事职务的议案》《关于提请罢免陆某董事职务的议案》《关于提请罢免袁某祥董事职务的议案》

---

① 《上市公司收购管理办法》第 75 条规定:"上市公司的收购及相关股份权益变动活动中的信息披露义务人,未按照本办法的规定履行报告、公告以及其他相关义务的,中国证监会责令改正,采取监管谈话、出具警示函、责令暂停或者停止收购等监管措施。在改正前,相关信息披露义务人不得对其持有或者实际支配的股份行使表决权。"

《关于提请补选宋某云先生为公司第八届董事会独立董事的议案》《关于提请罢免郭某胜独立董事职务的议案》。提案股东提请罢免公司董事的理由主要为:董事未能勤勉尽责,任人唯亲,最终可能导致公司出现新的资金占用等问题。

2021 年 7 月 5 日,Y 公司 4 位独立董事杨某春、陈某蓉、朱某飞、郭某胜分别发表的独立意见,均认为上述议案涉及罢免 Y 公司董事长、总裁和部分高级管理人员的董事职务,可能会对公司造成重大影响,建议暂时搁置该等议案,协商解决。

2021 年 7 月 6 日,Y 公司披露的《关于 2021 年第二次临时股东大会增加临时提案的公告》载明:由于提案股东有权利于公司股东大会召开 10 日前向董事会书面递交临时提案,上述提案内容属于股东大会审议范围,有明确议题,按照《上市公司股东大会规则》有关规定,拟将提案股东提交的上述议案提交公司 2021 年 7 月 16 日召开的 2021 年第二次临时股东大会审议。

2021 年 7 月 11 日,Y 公司监事会审议通过了《关于提请 Y 公司监事会成立专项调查小组核实董事履职问题的议案》。对于提案股东主张的董事履职问题,监事会表示高度重视,并决议按照监事会职责,成立专项调查小组,核实真实情况,监督检查公司董事、高级管理人员执行公司职务的情况;其中,由监事会 3 名监事担任专项调查小组成员,监事会主席担任调查组组长,专项调查小组向监事会负责。同日,Y 公司董事会收到监事会提供的《关于成立专项调查小组核实相关董事履职问题的函》载明:因提案股东提请罢免的公司董事数量过多,监事会需要时间核实相关董事的履职情况。

2021 年 7 月 12 日,因情况紧急,Y 公司召开董事会临时会议,结合 4 位独立董事对公司 2021 年第二次临时股东大会相关议案发表的意见,以及监事会致函通知董事会需要时间成立专项调查小组以核实提案股东主张的董事履职问题的情况,董事会经审慎考虑,同意取消公司原定于 2021 年 7 月 16 日召开的 2021 年第二次临时股东大会。

(四)事件争议焦点

根据《关于取消 2021 年第二次临时股东大会的公告》,Y 公司董事会取消召开临时股东大会的理由有以下 3 点:

1. Y 公司充分尊重中小股东的提案权,但提案股东在公司控股股东 Y 集团股份有限公司的股东表决权受限的情况下,提议删除公司章程中限制“恶意收购”的相关条款,不排除会发生恶意收购行为的可能,从而可能将严重影响并损害到公司及全体股东的利益。另外,提案股东提议将公司章程"董事会由十一名董事组成"修改为"董事会由五名董事组成",这将严重影响公司经营管理团队的稳定及公司的正常经营活动,不利于公司的长期向好发展。

2. Y公司现任董事共11人,而提案股东提议一次性罢免其中6位。Y公司就资金占用及违规担保问题尚还处于被中国证监会立案调查期间,在中国证监会对公司的立案调查未结束之前,公司应保持稳定的管理团队。另外,在公司经营步入正轨并向好的情况下,根据《Y公司章程》第110条第2款"为保持公司经营决策的稳定性和连续性并维护公司和股东的利益,新一届董事会成员中应有三分之二以上的原任董事会成员连任、但独立董事连任不得超过六年;在董事会、监事会任期未届满的每一年度内的所有股东大会上改选董事的总数和改选监事的总数,分别不得超过本章程所规定董事会、监事会组成人数的四分之一"的规定,提案股东提议一次性罢免公司6位董事,不符合公司章程的规定。

3. 提案股东提请罢免公司董事的理由主要为董事未能勤勉尽责,任人唯亲,最终可能导致公司出现新的资金占用等问题。对于提案股东主张的董事履职问题,监事会表示高度重视,并将按照监事会职责,成立专项调查小组,核实真实情况,监督检查公司董事、高级管理人员执行公司职务的情况;其中,由监事会3名监事担任专项调查小组成员,监事会主席担任调查组组长,专项调查小组向监事会负责。由于提案股东提请罢免的公司董事数量过多,监事会需要时间核实相关董事执行公司职务的情况,预计监事会无法于2021年7月16日前完成提案股东主张的董事履职问题的核查工作。

二、案例分析

(一)行权过程

2021年7月,投服中心在原定召开临时股东大会之日即将到来之际,就Y公司取消原定股东大会的行为进行公开发声,质疑Y公司取消召开股东大会的合规性。投服中心建议公司董事会按原计划组织召开股东大会,切实尊重股东依法享有的提案权、表决权等权利。

（二）行权内容分析

根据《上市公司股东大会规则（2016 年修订）》第 19 条“发出股东大会通知后，无正当理由，股东大会不得延期或取消，股东大会通知中列明的提案不得取消。”的规定，[①]投服中心认为 Y 公司董事会提出的 3 点取消股东大会的理由均不构成正当理由，故反对取消召开此次临时股东大会。具体理由如下：

1. 针对 Y 公司董事会所述第 1 点及第 2 点取消理由中涉及的股东提案时机问题，由于没有任何法律法规规定在控股股东表决权受限，以及在公司尚处于被证监会立案调查期间，公司不能召开股东大会审议股东提案，故公司董事会以此为由取消本次股东大会应属不当理由。

2. 针对公司董事会对股东提案的审核权问题，《公司法》规定股东提案须满足以下要求：一是符合法律、行政法规和公司章程的有关规定；二是属于股东大会职权范围；三是有明确的议题和具体的决议事项。股东提案权是《公司法》规定的一项股东的基本权利，原则上不应予以限制。《上市公司股东大会规则（2016 年修订）》第 14 条规定，只要股东临时提案符合上述要求，股东大会召集人就应在收到提案后的 2 日内发出股东大会补充通知，公告临时提案的内容，及时将临时提案提交股东大会审议。上海证券交易所《上市公司信息披露监管问答汇编》第 5.4 条认为，“按照前述规定，股东大会召集人对股东提案的内容没有实质审查的职权，召集人是公司董事会的，原则上也无需专门召开会议审议，在其收到股东提案申请时，只要核实股东资格属实、相关提案符合法律、行政法规和公司章程的有关规定、属于股东大会职权范围、有明确议题和具体决议事项，就应当将议案提交股东大会审议”。故 Y 公司董事会提出的第 1 点取消理由，即认为提案删除公司章程中限制“恶意收购”的相关条款是否会损害公司及全体股东权益，应当由股东大会审议决定，而不属于董事会的审查内容，董事会不应以此为由取消股东大会。

3. 对于董事会提出的第 2 点取消理由，即认为提案股东一次性罢免 6 位董事不符合 Y 公司《公司章程》第 110 条第 2 款规定的问题，《公司法》第 4、37、45、99 条规

① 《上市公司股东大会规则（2022 年修订）》已于 2022 年 1 月 5 日发布，其中第 54 条规定：“本规则自公布之日起施行。2016 年 9 月 30 日施行的《上市公司股东大会规则（2016 年修订）》（证监会公告〔2016〕22 号）同时废止。”《上市公司股东大会规则（2016 年修订）》第 19 条的内容与《上市公司股东大会规则（2022 年修订）》第 19 条的内容完全一致。

定,公司股东依法享有选择管理者的权利,董事的选举和更换必须经过股东大会。董事任期由公司章程规定,每届任期不得超过三年,任期届满可以连选连任,但其前提是经股东大会选任后才能连任。Y公司《公司章程》第110条第2款规定了每年董事改选人数的比例限制,剥夺限制了股东选任董事的基本权利,不符合《公司法》的立法本意。故用不符合《公司法》立法本意的公司章程条款否定本次提议罢免公司董事的提案不能成为取消股东大会的正当理由。此外,如果Y公司一直根据不符合《公司法》立法本意的公司章程否定修改公司章程的议案,则公司章程的不当条款永远无法修改。

4. 董事会提出的"监事会需要核实相关董事履职情况,预计在原定股东大会召开前无法完成核查"第3点理由更不能成立,因为没有法律法规规定公司召开股东大会和股东表决要以监事会完成核查为前提条件。

案例18　Z公司的欠款追偿及违规担保问题

一、案例简介

（一）上市公司基本情况

Z公司于2015年2月在上海证券交易所主板借壳上市，主营业务为天然气（包括CNG和LNG）生产和销售，及开发、制造和销售天然气储运设备和天然气汽车改装设备等。2020年年度，公司实现营业收入55,433.23万元，较上年同期减少48.89%；归属于上市公司股东净利润-60,300.92万元，较上年同期增长80.74%。

（二）事件基本情况

2019年年报显示，Z公司对H公司其他应收款余额9.97亿元，占净资产约109.26%，期末坏账准备余额4.99亿元，占净资产约54.63%，与2018年年报数据完全相同。上海证券交易所要求Z公司说明报告期内其他应收款回款未有任何进展的原因及合理性，和是否已按前期回复内容采取追讨措施。根据Z公司回复函，H公司于2020年3月13日向Z公司出具《还款说明》，将继续推动以资抵债的计划，并承诺于2020年9月1日前完成资产交割。但Z公司未与H公司签署任何具有法律效力的相关书面协议。Z公司称，将继续向H公司催收上述欠款，坚持并督促其通过以现金清偿、以资抵债相结合的清偿方式妥善解决H公司的欠款问题。

此外，C公司计划在2019年通过向Z公司供货的方式清偿其及其关联企业对Z公司的4.23亿元债务，但由于受国际金融环境变化等因素的影响，C公司未能在2019年清偿对公司的债务。上海证券交易所也对相关情况进行了问询。Z公司表示，已收到C公司于2020年4月10日向公司出具的《还款承诺函》，其拟在2020年通过引进战略投资人、拓展融资渠道、处置资产变现等方式改善资金紧张的局面,并承诺将不晚于 2020 年 12 月 31 日通过以包括但不限于货币资金清偿、资产抵债等方式优先清偿对 Z 公司的债务。

2021 年 5 月,Z 公司发布 2020 年年度报告称,对 H 公司与 C 公司各类债权合计余额 16.92 亿元(约占总资产的 15.14%),当年计提资产减值准备 5.21 亿元(约占营业收入的 94.04%)。H 公司与 C 公司承诺将在 2021 年内采用以资抵债的方式偿还上述债务,现已将 Y 公司 100% 股权质押给 Z 公司。年报同时披露,截至 2020 年 12 月 31 日,Z 公司违规担保导致期末合同涉诉余额 16.50 亿元(约占总资产的 14.76%),并计提预计负债金额 3.37 亿元(约占总资产的 3.01%),公司及实际控制人承诺将积极解决违规担保。Z 公司表示,上述事项在 2021 年内完成仍具有一定的不确定性。

二、案 例 分 析

(一)行权过程

作为 Z 公司的股东和投资者保护机构,投服中心对 H 与 C 公司长期不履行还款义务的不守信行为高度关注并表示愤慨,对 Z 公司治理不规范引发的违规担保行为表示谴责,对相关事项提出疑问;投服中心建议 Z 公司履行信息披露义务,积极采取措施,有效维护上市公司及全体股东的合法权益。

2021 年 5 月,投服中心进行公开发声,向 Z 公司提出 3 方面建议:一是建议 Z 公司说明质押标的能否覆盖债权账面价值;二是建议 Z 公司完善公司治理,及时披露担保事项相关信息;三是建议 Z 公司董事、监事、高级管理人员依法履职,有效维护上市公司利益。

(二)行权内容分析

1. 建议 Z 公司说明质押标的能否覆盖债权账面价值

根据 Z 公司 2018 年年报,Z 公司当年期末对 H 公司的其他应收款余额 9.97 亿元,坏账准备余额 4.99 亿元;对 C 公司预付款期末余额 3.34 亿元,占预付款期末余额合计数的比例为 38.53%。C 公司当时承诺,如因客观原因导致无法执行原合同,将在 2019 年 12 月 31 日前返还 Z 公司已预付的全部货款。而 2019 年年报显示,Z 公司对 H 公司应收账款余额及坏账准备数额均未发生变化,但对 C 公司的预付款不仅未按照承诺收回,而且其期末余额反而增长至 4.23 亿元,同比增加了 26.65%。Z 公司在对上海证券交易所关于 2019 年年度报告的信息披露监管问询函的回复函中表示,H 公司于 2020 年 3 月 13 日向公司出具《还款说明》,称将继续推动以资抵债的计划,并承诺于 2020 年 9 月 1 日前完成资产交割。但截至公告日,Z 公司未与 H 公司签署任何具有法律效力的相关书面协议。C 公司则于 2020 年 4 月 10 日向 Z 公司出具《还款承诺函》,承诺将不晚于 2020 年 12 月 31 日前通过以包括但不限于货币资金清偿、资产抵债等方式优先清偿对 Z 公司的债务。

由于 Z 公司历次披露的清偿方案均未得到有效履行,投服中心对于各方的履约诚意及能力表示质疑,并对此次 2020 年年度报告中披露的"H 公司与 C 公司承诺将 Y 公司 100% 股权质押给 Z 公司"的事项提出疑问,建议 Z 公司对以下问题作出说明:

第一,建议披露质押标的 Y 公司的盈利能力、财务状况、资产质量,特别是其评估值是否足以覆盖对 H 公司与 C 公司各类债权合计余额 16.92 亿元;第二,在质押标的评估值足以覆盖债权的情况下,如 H 公司与 C 公司 2021 年仍然不能偿还相关债务,Z 公司是否会将质押标的进行处置以及处置是否存在障碍;第三,如质押标的评估值不足以覆盖债权,Z 公司将采取何种措施对剩余债务进行追偿,以保障资产安全及中小投资者的合法权益。

2. 建议 Z 公司完善公司治理,及时披露担保事项相关信息

根据 Z 公司公告,2016 年 6 月 22 日至 2018 年 12 月 11 日,Z 公司累计发生多起违规担保事项,金额合计 22.9137 亿元。Z 公司经自查与梳理相关诉讼,2019 年、2020 年共发现 16 项未合规履行内部审批程序的违规担保事宜。截至 2020 年 12 月 31 日,Z 公司违规担保期末合同涉诉余额为 16.50 亿元,计提预计负债金额为 3.37 亿元。对此,审计机构出具了强调事项段,上海证券交易所也在 2020 年年度报告的信息披露监管问询函中要求公司补充披露违规担保事项当前诉讼进展、预计负债计提合理性以及是否存在未披露的违规担保等情况。

Z 公司长期频繁出现的违规担保问题不仅反映出公司治理的严重不规范危害了公司持续经营能力,其伴生的信息披露不及时等问题更是对中小投资者知情权造成了严重侵犯。对此,投服中心表示强烈谴责,并建议 Z 公司完善公司治理,积

极履行信息披露义务,及时公告发生的担保事项,保障中小投资者的知情权。

3. 建议Z公司董监高依法履职,有效维护上市公司利益

根据前述公告,在过去的3个会计年度中,H公司与C公司曾多次承诺清偿对Z公司的债务,而在实际操作中却并未遵守承诺中约定的截止日期,将还款期限一延再延。Z公司违规担保事项也层出不穷,多次引发监管机构的关注与处理。Z公司既未采取行之有效的措施对相关债权进行追偿,又未及时规范公司治理,导致现金流运转长期受到影响,公司经营风险加大,投资者的利益受到损害。

作为Z公司经营管理的直接参与方,Z公司的董事、监事、高级管理人员对上市公司负有忠实、勤勉义务,应当依法履职、及时采取措施,有效维护上市公司及全体股东利益。投服中心建议Z公司董事会积极关注H公司与C公司的债务偿还问题与公司违规担保问题。对于长期拖欠债务、不按约定履行还款义务的情况,董事会应及时提起法律诉讼,进行有效追偿;对于违规担保事项,董事会应尽快完善公司治理,杜绝此类问题再次发生;对于已经对公司利益及投资者合法权益造成损害的事项,董事会应对有关责任人进行追责。

案例19　业绩补偿风波再起　敦促T公司及其董监高积极应对

一、案例简介

（一）上市公司基本情况

T股份有限公司（以下简称T公司）成立于1999年，已于2022年6月在上海证券交易所主板摘牌。

（二）案件基本情况

T公司于2016年9月以非公开发行股票的方式收购HQXG 95%股权，作价约18.8亿元。杨某和罗某斌承诺HQXG 2017～2019年的扣除非经常性损益净利润分别不低于6220万美元、8460万美元、11,870万美元，复合增长率达到38.14%。收购完成后，HQXG 3年均未完成业绩承诺，累计需补偿23.1亿元。

T公司于2018年2月13日签署的《资产收购协议之补充协议》及2018年8月签署的《资产收购协议之第三次补充协议》中约定，T公司无须支付第二期收购对价人民币共计4.7亿元，视为HQXG业绩承诺未完成数额的现金补偿。2019年10月双方签署了《第四次补充协议》，约定由现金补偿变更为非现金和现金补偿相结合的方式，并下调补偿金额。罗某斌方作为HQXG业绩承诺方，拟以GQCDH投资管理合伙企业（以下简称GQCDH）全部出资份额用于业绩承诺补偿。本次罗某斌拟用于业绩补偿的资产为GQCDH，评估值为2.23亿元。

2021年3月，T公司发布了《南昌仲裁委员会裁决书》，称GQCDH注册资本1000万元，其中申请人刘某林、李某夫妻分别各占90%、10%出资份额。2019年12

月20日(该日期为2019年12月31日倒签),“刘某林”与被申请人SYWH、申请人李某与被申请人SYCW签署GQCDH无偿转让协议,约定将两申请人在GQCDH 90%、10%的实缴出资份额(合计100%)无偿转让给SYWH及SYCW。2019年12月31日,“刘某林”、申请人李某与两被申请人签署了《合伙企业登记(备案)申请书》等相关文件。两被申请人委派人员依此(含上述无偿转让协议)在GQC市工商注册机构办理了工商登记(备案)手续,将GQCDH的出资份额变更登记至两被申请人名下。上述《合伙企业登记(备案)申请书》等相关文件中所有“刘某林”的签名并非申请人刘某林本人签署或经其授权,申请人刘某林本人因当时在外出差也没有可能签字或去GQC市办理工商变更登记(备案)手续。以上签署的无偿转让协议及2019年12月31日提交的《合伙企业登记(备案)申请书》等相关文件因非申请人刘某林本人签字或得到其授权,系因重大误解而签订,且违反民事活动应当遵循的等价有偿原则,内容显失公平,故应予撤销。根据无偿协议而办理的工商变更登记(备案)手续,也应予以撤销并恢复其原状。

产生争议后,双方协商一致通过仲裁的方式解决纠纷。仲裁庭裁决为:解除申请人刘某林与被申请人SYWH于2019年12月20日签署的《合伙企业出资份额转让协议》;被申请人SYWH应在本裁决书送达之日起10个工作日内配合申请人刘某林在GQC市市场监督管理局办理工商变更登记(备案)手续;被申请人SYCW在本裁决书送达之日起10个工作日内配合申请人李某在GQC市市场监督管理局办理工商变更登记(备案)手续。

因此,T公司需将收到的业绩承诺补偿资产转移给刘某林及李某。同时,T公司称已与罗某斌方沟通并达成一致意见,同意将等值(人民币2.23亿元)现金或经公司认可的符合公司未来战略发展方向的优质资产置入上市公司进行资产置换。

二、案例分析

(一)行权过程

2021年4月,投服中心通过公开发声的方式,向T公司提出两方面问题:一是建议T公司说明同意解除转让协议的理由及相关情况;二是建议T公司董事、监事、高级管理人员依法履职,有效维护上市公司利益。

(二)行权内容分析

1.建议上市公司说明同意解除转让协议的理由及相关情况

根据上市公司公告,2019年12月,刘某林、李某分别与T公司子公司SYWH、SYCW签订协议,将其持有的GQCDH 900万元、100万元的出资份额无偿转让给上述两家公司,作为罗某斌向T公司履行的2.23亿元业绩补偿。GQCDH持有HNDH公司60%股权,旗下拥有HNTH嘉年华旅游度假区,其估值增资率高达2137.03%。2019年12月31日,GQCDH完成工商过户变更登记。2021年3月24日,GQCDH公司公告称,刘某林以转让协议并非其本人签字或授权签字为由,申请仲裁解除转让协议。经南昌仲裁委员会裁决,双方解除转让协议并于10个工作日内完成GQCDH的工商变更登记。

对此,投服中心提出如下疑问:第一,SYWH、SYCW在签署协议及办理合伙份额转让的过程中是否对份额权属进行了尽职调查,对转让协议签署及份额过户相关授权的合法性是否进行了必要确认。第二,刘某林于上市公司公告签订合伙份额转让协议及完成工商过户登记后一年左右,方提起关于撤销转让协议的仲裁申请,后又将撤销申请变更为解除协议。刘某林在提起仲裁之前是否已就协议及转让行为有效性向T公司提出交涉,T公司如何应对。第三,T公告披露的SYWH、SYCW同意解除协议的具体原因较为牵强,也未披露在此过程中公司采取了何种措施积极维护自身权益,令投资者难以理解两家公司同意解除协议的合理性。投服中心建议T公司向广大投资者公告说明上述事项。

2.建议上市公司董监高依法履职,有效维护上市公司利益

根据现有信息,一旦GQCDH合伙份额被退回,罗某斌原承诺的2.23亿元业绩补偿将无法兑现。虽然T公司称,已与罗某斌达成一致意见,同意将2.23亿元现金或经T公司认可的、符合未来战略发展方向的等值优质资产置入上市公司进行置换,但此前已发生的种种变故难以佐证罗某斌是否具备足额偿付债务的个人信用与能力。截至目前,业绩补偿人罗某斌及杨某共需履行的18.23亿元业绩补偿尚未履行,T公司已无力对HNDH公司前期平整土地所需40亿元提供财务安排及支持,直接导致该项资产的后续运营面临重大不确定性;同时,杨某用于业绩补偿价值7.8亿元的2处房产既尚未解除抵押,也未有明确的相关时间安排,该项补偿的可实现性也存在重大不确定性。

作为 T 公司经营管理的直接参与方,上市公司的董事、监事、高级管理人员对上市公司负有忠实、勤勉义务,应当依法履职、及时采取措施,有效维护上市公司及全体股东利益。投服中心建议 T 公司董事会要求罗某斌在 GQCDH 办理工商变更登记前,应及时向上市公司支付现金补偿 2.23 亿元或将其所述的“优质资产”变现后支付给上市公司,以作为资产退回的补偿。同时,T 公司董事会应对罗某斌未如期履行业绩承诺的行为及时提起法律诉讼,有效追偿。

纠纷调解案例评析

Cases
Review of
Dispute
Mediation

第一篇

证券专题

案例1　基于司法裁判视角探察融资融券纠纷调解思路

李　星*　赵红豆**

一、引　言

融资融券业务是证券公司面向合格投资者出借资金供其买入证券或者出借证券供其卖出，并由投资者交存相应担保物的经营活动。① 由于融资融券业务存在复杂的法律关系及交易制度，且对市场波动较为敏感，投资者与证券公司易出现纠纷，某些问题亦已成为共性，争议高发。在该类纠纷处置过程中，我们发现，相比诉讼程序，调解机制有着天然的优势。

诉讼程序侧重于通过裁判达到损害填补的法律效果，而调解机制更侧重于在法律框架内，不拘一格地达到纠纷化解的社会效果。对投资者来说，选择调解方式化解融资融券纠纷，可以有效降低纠纷解决成本，简化程序，充分表达其诉求，在保障自身权益的同时兼顾纠纷化解效率。

本文从司法裁判案例中梳理融资融券业务中纠纷调解的疑难法律问题，归纳司法裁判惯例或倾向性观点，将司法实践中对投资者权益保护与证券公司债权权益的权衡运用于纠纷调解机制中，提出融资融券业务纠纷调解的有效路径与调解技巧，以期为融资融券业务多元化纠纷化解机制提供有益探索。

* 国联证券股份有限公司。

** 国联证券股份有限公司。

① 《证券公司监督管理条例》第48条之规定。

二、融资融券纠纷争议焦点的司法观察

以“融资融券业务”和“证券公司”为关键词在裁判文书系统上检索近三年来发生的融资融券纠纷案例共计161件，剔除执行案件、管辖案件、合并一审二审案件后剩余86件。经过分析整理发现，因平仓引发的纠纷案件占绝大多数，法院在审理中主要围绕以下争议问题展开说理。

(一)投资者主张未收到证券公司要求追保的通知，证券公司采取平仓措施对此是否应当承担赔偿责任

法院侧重于审查证券公司是否按照合同约定的方式履行了告知追保义务。法院普遍认为，证券公司如提供证据足以证实其在投资者触及预警线或平仓线时，已及时通过投资者预留的联系方式向投资者发送追保提醒，并明确告知投资者信用账户维持担保比例低于平仓线后可能被采取强制平仓措施的事项，并通知按照合同约定的方式送达对方，即视为证券公司已依约履行了相应的通知义务。投资者辩称未收到证券公司要求补充担保物的通知导致最后被强制平仓，系其自身原因造成的，证券公司无须承担赔偿责任。①

(二)证券公司如果因自身原因迟延平仓，是否需要承担部分投资者因此扩大的损失

投资者被平仓后通常会以该理由向证券公司主张赔偿责任，司法实践中，法院也酌情支持了投资者诉请。② 法院认为，融资融券业务中，证券公司与投资者系信托法律关系，证券公司在享有强制平仓权之后，应当根据诚实信用原则尽到善良管理人的注意义务。证券公司如果因自身原因迟延平仓，需要承担部分投资者因此扩大的损失。但需要明确的是，迟延平仓需承担赔偿的考量是基于证券公司可以平仓而怠于平仓，未尽到善良管理人的注意义务。如证券公司有证据证明非自身原因造成迟延平仓，证券公司亦可免于赔偿。如在(2017)豫01民终5200号判决书中，法院认为：信用账户交易记录显示，被上诉人进行了4次平仓操作，但因为该股

---

① 参见(2019)鲁民终1487号、(2020)内0602民初6047号、(2020)京0102民初24813号等裁判文书。

② 参见(2020)云0111民初2802号裁判文书。

票在交易期间未打开跌停板,故上述期间未能平仓并非被上诉人原因造成。后证券公司进行平仓,在行情波动巨大、瞬息万变的情况下平仓的平均价格比开盘价高出1.927元,应视为被上诉人尽到了善良管理人的注意义务。

(三)投资者可否以融资融券合同中强制平仓条款系格式条款为由,主张该条款对投资人不产生约束力

融资融券业务涉及融资融券交易、信用账户管理、保证金与担保物、费用及利息、强制平仓、权益处理、违约责任等多方面,内容较为繁杂。证券公司面对的主体系不特定的投资者,证券公司与每一位投资者对上述内容一一进行约定亦不符合融资融券业务的现实要求,因此实践中融资融券业务合同多以格式条款形式呈现。对于格式条款的效力问题,法院通常考察证券公司是否尽到提示说明义务、该条款是否符合《证券公司融资融券业务管理办法》、融资融券的业务特征以及是否排除了对方提请异议的权利。① 证券公司在开展融资融券业务时,应通过投资者教育的方式向投资者充分揭示合同风险,提请投资者注意平仓条款,投资者充分知悉该条款且未提出异议的,视为接受条款约束。

(四)因平仓衍生的争议问题

其他争议问题虽然在少数案例中有所提及,但基本属于因平仓衍生的问题,投资者很少因其他争议问题单独向法院起诉。如:

1. 证券公司调整交易要素问题。② 因证券公司已于合同中明确其具有调整的权利,且投资者无法举证证明该行为客观上给其造成实际损失,投资者往往败诉。

2. 利息、罚息总额问题。③ 结合司法实践,法院普遍认为证券公司可以合计收取融资利息和罚息,但其上限不应超过24%。

3. 证券公司员工代客理财问题。④ 因融资融券合同中明确告知投资者禁止此类行为,除非投资者另有证据证明该员工行为属于职务行为;否则,应认定为员工个人行为,证券公司不承担责任。

4. 夫妻共同债务问题。⑤ 投资者以个人名义参与融资融券业务,穿仓后的债务

---

① 参见(2019)川01民终1509号、(2019)川01民终1509号、(2020)沪74民终378号裁判文书。

② 参见(2018)苏01民终7992号裁判文书。

③ 参见(2021)苏0104民初1711号、(2021)苏0104民初1006号、(2020)沪民终714号裁判文书。

④ 参见(2018)湘民再367号、(2020)苏0312民初9587号、(2020)沪74民终1055号裁判文书。

⑤ 参见(2020)沪民终452号裁判文书。

不被认定为夫妻共同债务。

5. 交易系统故障问题。[①] 投资者如未能证明当日曾具有交易意向,即不能举证证明其曾通过电话或其他方式向证券公司下达过交易指令或操作意向的,证券公司不应负有赔偿责任。

三、基于司法裁判视角探察的融资融券纠纷调解建议

经过对融资融券纠纷案件的检索分析可知,投资者因平仓引发的争议最为突出。法院多数不予支持投资者对于证券公司强制平仓行为主张的抗辩事由;在极少数案例中,因证券公司未尽到管理人注意义务迟延平仓,导致投资者承担不必要的损失,法院酌情支持了投资者的赔偿请求。对于投资者来说,通过诉讼路径解决平仓争议可能会增加其诉累;司法实践对证据的真实性、合法性、有效性的严格要求,对投资者来说也增加了其举证难度。此外,基于融资融券业务的特殊性,基于信托法律关系,除非股票停盘等特殊原因,证券公司可以直接抛售处置投资者资产,所以如果投资者既不追保也不平仓,必然面临证券公司强制平仓。对于证券公司来说,即使与投资者产生争议,其也希望通过友好协商的方式稳妥解决。若因股票停盘等原因无法平仓,证券公司往往急于起诉要求投资者偿还所有负债。但法院在保全投资者资产时,仍然会扣除在证券公司信托账户上融资融券的担保品价值。因此,司法实践中很难保全到其他财产。此外,若后续担保品价格上涨,不排除投资者要求解除已保全的其他资产的可能。证券公司若对平仓后剩余不足部分主张债权,因较难寻找到投资者的其他偿债财产来源,多数情况下投资者无财产可供执行,使案件久拖不决,僵化了证券公司与投资者的关系。

基于上述司法裁判和融资融券业务特性,调解机构及时介入,由调解员权衡双方诉求并提出解决方案,对当事人来说无疑是更好的选择。

(一)对融资融券纠纷调解路径的建议

1. 事前介入调解的路径建议。从司法判例可总结出,投资者被平仓多数因其不能按约履行合同义务,如投资者触及预警线或平仓线但未在规定期限内提交足

---

① 参见(2016)沪01民终13011号裁判文书。

额的担保品,或融资融券债务到期未了结负债等。此时的诉讼程序已经是纠纷发生后的司法救济,如在证券公司尚未启动强制平仓程序时,投资者即请求调解机构介入调解,在调解员的主导下寻求违约处置的替代方案,则可最大限度地防范诉讼纠纷。

调解机构介入后,首先,应先向双方了解合同履行情况,并结合事实情况与合同条款判断投资者是否已触发合同追保义务,是否发生合同约定的预期违约的情形。其次,应了解投资者预期无法履约的客观原因以及证券公司强制平仓意愿。最后,调解员可依据双方诉求制订可行的解决方案,例如:(1)与证券公司沟通协商,允许投资者将除现金、股票、债券以外的其他担保物作为补充担保物或由第三方提供担保,以此作为两融负债的增信措施,避免投资者被立即强制平仓;(2)投资者可向证券公司提出附条件的展期申请,在展期期间制定阶段性还款计划作为原合同的组成部分,如投资者未按还款计划履行义务,证券公司有权宣告债务立即到期,依照合同行使包括强制平仓在内的违约处置措施;(3)如证券公司强制平仓意愿坚决,此时商谈展期方案可能为时已晚,投资者可向证券公司提出暂缓强制平仓申请,在暂缓强制平仓期间,投资者可采取自行平仓等措施还款,如投资者未在规定期限内自行平仓,则证券公司有权即时平仓。

以上调解方案尽可能缓解了投资者被证券公司强制平仓的压力,在一定程度上也避免了投资者与证券公司的关系僵化。如双方无法就最终解决方案达成一致,调解机构也可终止调解程序,待双方有调解意向时再行申请调解。

2. 事后介入调解的路径建议。投资者被证券公司采取强制平仓措施后引发纠纷时,双方都可向调解机构寻求解决纠纷办法。此时,调解机构介入可大体遵循司法实践中法院的审查要点,从以下三个方面调查事实情况:(1)审查投资者开户资料,判断证券公司是否做好投资者适当性管理,开户时是否向投资者充分揭示两融业务风险以及提请投资者注意合同重要条款,从而确定合同格式条款的效力。(2)审查证券公司向投资者发送追保通知的记录证明,判断当投资者触发预警线或者平仓线时,证券公司是否及时向投资者发出追保通知,提示投资者在限期内追保,从而判定证券公司是否充分履行告知义务。(3)审查证券公司强制平仓操作记录,判断证券公司是否存在因自身原因造成的迟延平仓或明显不合理的超额抛售问题,以此判断证券公司是否尽到了合理的注意义务。在查明以上事实情况后,调解员即可对双方权责有初步判断,然后根据投资者争议问题结合司法判例予以说理解惑。如证券公司存在一定过错,调解员也可与证券公司协商在合理范围内对投资者进行赔偿,并制作调解书;如双方未能达成一致调解意见,则调解员可告知双方通过司法途径解决。

(二)融资融券业务纠纷调解技巧建议

调解机构无论是事前介入还是事后介入,在查明事实情况后所解决的争议问题在司法判例中都有据可循。但在已知司法预判的前提下,如何兼顾情理,定分止争,弥合双方诉求的鸿沟直至双方达成一致,还需要一些调解技巧。

1. 算经济账。在融资融券纠纷处置过程中,有很多显性、隐性的收益和成本。比如,融资融券投资者往往心存侥幸,希望股票走势往自己希望的方向发展,不愿意证券公司平仓,自己也舍不得平仓,往往错失最佳平仓时机;如果投资者及时平仓获取其他投资机会,也是一种较好的选择。投资者也可以增加其他增信措施,换得股票未来有利于自己的走势的机会。此外,参考类案判决,一方已明知对自己不利,如果诉诸司法,纠纷处置的费用支出,如违约金、律师费、诉讼费等以及占用的时间和精力等,都是无法避免的成本。如果投资者的资产被拍卖,拍卖价格可能低于实际价值;如果投资者被列入融资融券业务“黑名单”,那么会影响其以后的信用交易;如果投资者被法院纳入失信被执行人名单,那么信用成本甚至是极其高昂的。证券公司若不愿意降低违约金费率、部分还款或者展期,也需要考虑执行不到财产和久拖不决导致的困境和成本。调解员通过引导争议双方考虑后续的各项成本,使争议双方能够考虑用更经济更效率的方式解决争议。

2. 打情感牌。无论哪种纠纷,情感牌都是十分必要的。部分融资融券业务纠纷并不完全是由于强制平仓,有些投资者因对证券公司服务的不认可而双方产生纠纷。在此种情况下,投资者很难从心理层面完全接纳证券公司的意见。因此,调解员应对投资者进行情绪安抚,敦促证券公司提升服务质量,起到调和双方分歧的作用。

四、对于司法裁判对纠纷调解的影响和作用的进一步思考

多元化纠纷调解机制与司法裁判在参与人员、具体程序、完成时效等诸多方面

均有不同,调解结果也无须与司法裁判主流观点和路径相同,只要是双方当事人自愿达成的,均应予以尊重。但司法裁判确实客观地起到了维护市场主体合法权益和公平公正的示范和引导作用,能够给调解员带来诸多思考。第一,在调解过程中,对于当事人的与司法裁判相去甚远且明显违背基本情理的诉求,调解员经过努力依旧无法劝服的则无须继续调解工作,可建议当事人提请诉讼。第二,在调解方案接近达成,却卡在一方当事人的一小部分诉求的时候,可探明诉求背后的理由,就该理由和诉求的不利司法裁判出示给该当事人,以快速促成和解。第三,同类案件的司法裁判资源众多,通过对司法裁判案情的解读分析,会发现诸多可借鉴的调解思路,包括案情的发展路径、原被告双方的答辩思路、各案件法院的裁判说理部分以及最终的裁判结果都能拿来所用,拓宽调解员的调解思路和技巧。调解既需要及时化解双方的争议,也需要考虑一定意义上的社会效果。一方面,司法裁判能够给多元化纠纷调解带来诸多指导和借鉴;另一方面,多元化纠纷调解机制在提前化解纠纷、减轻法院诉讼负担上起到了重要作用。

值得未来进一步探索的是,如何进一步发挥证券期货纠纷诉调对接机制的作用,将有限的司法资源用在关键地方,在畅通诉调对接流程、保障调解协议履行方面发挥司法强制作用。

案例2　关于涉老证券纠纷调解案例分析

林　歆*

一、引　　言

目前,《中华人民共和国老年人权益保障法》(2018年修正)第2条规定,老年人是指60周岁以上的公民。2010年至2015年中国证券登记结算统计年鉴显示,证券投资者中老年人占比逐步攀升,从2010年的8.49%上升至2015年的11.34%。

虽然中国证券结算登记有限责任公司(以下简称中登公司)自2016年起已不再统计自然人A股账户持有人期末年龄分布,但有关数据显示,2021年我国60岁及以上人口占比18.9%,相较2015年上升了2.8%,随着社会老龄人口数量的快速增长,进入证券市场的老年人也必然呈增加态势。

近年来,由于老年人自身认知能力不高、金融素养和风险责任意识不强及经营机构提供的适老服务不到位等问题,涉老证券纠纷也随之不断上升。据不完全统计,广东中证投资者服务与纠纷调解中心暨中证资本市场法律服务中心广东调解工作站(以下简称调解工作站)2019年至2021年共受理证券纠纷523起,其中涉老纠纷合计44起,占比8.4%,呈逐年递增趋势,涉老纠纷类型主要为客户服务纠纷、委托交易纠纷、代销金融产品纠纷及融资融券纠纷等。

老年人属于证券市场中的弱势群体,其权益保护已成为社会关注热点。为预防及妥善处理涉老证券纠纷,本文从调解工作站近3年受理的该类纠纷中筛选了4

* 广东中证投资者服务与纠纷调解中心职员、中证资本市场法律服务中心广东调解工作站调解员。

起典型案例进行总结分析，并结合调解实务提出相关建议。

二、调解案例介绍

（一）周某与某证券营业部客户服务纠纷

1. 案情简介

老年投资者周某证券账户所持的A上市公司股票于近日发行可转债，其作为原股东享有优先配债权。发行当天，周某账户已显示对应数量的可购入债券，但之后再次登录账户时发现无法查询该债券的原有信息。周某咨询所在证券营业部，工作人员表示其在债券配售期间未缴款导致认购失败。周某认为营业部的说法不合理，后双方多次沟通，仍无法就该问题达成一致意见，遂向调解工作站申请调解，要求营业部尽快归还对应的配债数量。

2. 调解过程及结果

调解工作站受理纠纷后，调解员首先向营业部了解情况。营业部反馈原股东优先配售日当天，客户经理已电话提醒周某“如需要配售债券，需要进行配债缴款操作”，但周某当天并没有缴款。同时调解员也查看了A上市公司的对外公告《向不特定对象发行可转换公司债券发行提示性公告》，公告中明确“原股东在T日参与优先配售时需在其优先配售额度之内根据优先配售的可转债数量足额缴付资金”。由此可见，A上市公司给予周某的仅仅是优先配债的权利，而债券本身仍需要周某主动缴款认购才能获得，且营业部也作了提前通知工作，因此未缴款造成的后果应由周某自行承担。

调解员考虑到周某年纪较大，电话沟通较难开展调解工作，便邀请周某到营业部面谈，并现场打印了A上市公司的对外公告，详细解说公告相关条款，解释配债就是上市公司的一种融资行为，原股东参与优先配售的部分，应当在T日认购时缴付足额资金。经调解员多次解释，周某仍坚持己见，不愿接受。为进一步增强说服力，调解员当面拨打上市公司对外电话及深圳证券交易所投资者热线咨询，得到的回复都与先前的解释相符。周某意识到自身对参与可转债优先配售的认购问题存在误解，放弃了对营业部的赔偿主张。最终，该纠纷得以妥善解决。

(二)何某与某证券营业部委托交易纠纷

1. 案情简介

老年投资者何某于 2021 年 9 月 7 日 9 时 20 分以涨停价 1.22 元委托卖出 1 万股 B 股票,当时行情界面上显示有足够的买盘可以成交,但开盘后其发现委托并未全部成交。何某质疑营业部私自扣下委托单没有及时报给交易所,导致其委托无法及时撮合。其欲咨询营业部及公司,但由于一直无法取得联系,遂向调解工作站申请调解,要求营业部给予合理解释。

2. 调解过程及结果

调解员首先向营业部了解何某的交易情况。营业部反馈,何某退休后总是隔三岔五就反映公司系统有问题。经自查,本次委托未全部成交属正常情况,营业部已安排工作人员与其沟通解释,同时将报盘数据及交易规则等相关文件给予何某查看,但何某不接受并坚持认为营业部篡改了交易数据。在沟通过程中,何某也多次向调解员强调"该情况不止一次出现,但营业部每次都说系统没问题,因此怀疑有猫腻。"

基于此,调解员建议营业部协助何某向深圳证券交易所申请查询交易记录,进一步增加说服力,同时尽快安排一名资深老员工负责解答何某的日后咨询。待收到深交所出具的统计查询结果函后,调解员考虑到何某年纪较大,便让其女儿陪同到营业部,现场出示统计查询结果函进行说明。函件显示,何某于 2021 年 9 月 7 日 9 时 20 分以 1.22 元委托卖出 B 股票,当日 9 时 25 分至何某的撤单时间 9 时 40 分期间,该股票最高成交价格为 1.17 元,因此 9 时 40 分前委托卖出价为 1.22 元的股份均未成交。何某当场依然不认可。经女儿一番劝解,何某被成功说通。事后,何某也主动联系调解工作站致谢。

(三)李某与某证券公司代销金融产品纠纷

1. 案情简介

投资者李某反映,其通过某证券公司购买了 C 资管产品合计 100 万元,2020 年产品到期进入清算期,近期其发现账户中该产品的持仓金额无故减少。李某就此事项与客户经理沟通多次仍未果,因此向调解工作站申请调解,要求公司给予合理解释。

2. 调解过程及结果

经了解，李某所说的持仓金额减少主要是因为产品估值方式从投资成本模式转为公允价值模式，进而引起净值变动。基于此，调解员多次向李某解释，最终权益以C资管产品项目回收情况及分配的资金结果为准，不受产品估值方法变更的影响，李某接受了解释，同时也向调解员透露其是用全部的养老金投资该产品，但目前产品表现不理想，担心清算款项不能收回对家庭关系有影响。

对此，调解员也向证券公司进一步了解销售产品的适当性管理工作、李某的盈亏状况及产品运作情况。根据证券公司提供的证据材料，证明公司已履行了适当性义务。该资管产品自成立以来，李某收到的分红款和清算款合计108万元，并未产生亏损。由于该资管产品所投资的最后一个项目的大股东跑路，导致项目一直无法清算。目前管理人已通过法律途径进行追偿，但证券公司无法准确告知李某剩余项目的清算期限及结果。针对李某内心的焦虑情绪，调解员一方面，尝试引导李某关注产品的整体收益表现，而不是仅仅着眼于产品剩余份额无法清算的问题，同时向其进行"理性投资、价值投资"理念讲解，进一步降低收益预期；另一方面，建议公司定期向李某通告剩余项目的清算进展，让李某心中有数。经过调解员的耐心调解，李某的焦虑情绪得到一定的缓解，未再提出其他异议。

（四）胡某与某证券营业部融资融券纠纷

1. 案情简介

老年投资者胡某反映，某证券营业部客户经理陈某多次通过QQ远程控制操作其融资融券（以下简称两融）账户，还款时陈某先偿还利息再还本金，造成复利收取。此外，营业部提供的对账单不清晰，其已就对账单问题多次提出建议，但营业部不配合，导致其一直无法对账。因此胡某申请调解，要求营业部给予合理解释并赔偿相应损失。

2. 调解过程及结果

调解工作站介入后了解到，胡某为退休老干部，对自己认定的事情比较坚持，前期对营业部的解释坚决不接受，因此调解工作站安排了一名年长且资深的调解员开展调解。调解员根据营业部提供的两融合同、风险揭示书、签署录像及对账单等材料了解到，债务清偿顺序为：先偿还罚息，再偿还融资利息和融券费用，最后偿还本金负债。同时，胡某已在风险揭示书中签名确认已阅读并理解两融交易相关规则,且在签署录像中口头表示对两融合同条款讲解内容理解清楚。对于胡某提及的陈某远程控制其两融账户一事,双方各执一词。陈某表示,其是应胡某要求帮其查看还款操作是否正确,未实际操作其账户;胡某则表示,开立两融账户是为了帮陈某冲业绩,自己实际不懂两融业务,当时陈某曾答应会用心服务,认真指导交易,自己出于对陈某的信任才同意让其远程操作还款。

随后,调解员通过调取对账单发现:一是对账单还款明细不清晰,无法得知还款金额所对应的明细;二是发起远程控制当天的流水均是还款记录,未发生股票交易,且还款操作均按两融合同来执行。调解员分别对双方进行了风险提示,一方面,告知胡某,由于其提出的诉求依据不充分,希望能理性处理,同时对其强调不要轻信他人,随意允许他人开启远程控制,更不要将账户交由他人操作;另一方面,提醒陈某发起远程控制虽是出于好意,方便指导客户操作还款,但一旦发生纠纷,责任很难认定,并建议营业部优化对账单条目,以便客户能清楚了解还款明细。通过调解员的耐心劝导,营业部从维护客户的角度出发,下调了胡某两融账户佣金及利息标准,也按照其要求调整对账单栏目,并上门解释还款明细。最终,胡某认可营业部的处理方案,放弃赔偿主张。

三、案例评析及建议

上述 4 起案例本身并不复杂,发生的原因主要为老年人不了解相关交易规则、不愿承受交易风险或把预期获利目标定得过高等。处理多起涉老纠纷后,可以发现大多数老年人存在以下问题:一是面临"数字鸿沟",不擅长使用交易软件;二是普遍厌恶风险,不愿接受本金损失;三是理解、接受能力较弱,且主观意识较强,对相关业务了解不全面甚至不准确;四是一旦产生纠纷,对证券公司及工作人员缺乏信任感;五是个别老年人存在交流障碍,如只懂方言或患有听障等。正因老年群体的特殊性,调解涉老纠纷要比一般纠纷耗时更长、难度更大,且容易引发社会问题,造成不良影响。为此,本文围绕证券业务适老化服务及纠纷调解技巧两方面提出以下建议:

(一)证券业务适老化服务方面

一是完善传统服务工作。建议尊重老年人使用习惯,不要"一刀切式"更新服务方式,应合理保留一些传统、老年人熟悉的服务方式作为过渡:为老年人开辟“绿色通道”,提供“爱心窗口”“陪同式”“上门式”等特色服务,在合规前提下简化相关业务办理流程,方便老年人;设置老年人服务专线或一键转人工服务,简化自助操作步骤,减少等待时间或避免误操作,便于老年人问题能得到及时回复和解决,如案例 2 中何某正因无法拨通客服热线咨询相关委托交易问题,导致纠纷发生;根据老年人的合理需求,提供一些个性化服务,如案例 4 中根据胡某的要求调整两融对账单模板。

二是帮助老年人跨越“数字鸿沟”。2022 年 4 月,中国证监会发布了《面向老年人的证券期货业移动互联网应用程序设计规范》《面向老年人的证券期货业移动互联网应用程序设计检测规范》,提出了老年版 App 的设计原则和要求,明确界定使用的语言文字库、屏幕显示、界面设计等相关要求,保障老年人便利、安全使用 App 服务。证券经营机构应按上述要求加快优化 App,同时强化员工培训,打造一支集咨询服务、辅助引导于一体的亲老服务团队,有效解决老年人在使用 App 时遇到的困难。此外,针对老年人的“数字鸿沟”问题,中国银保监会于 2021 年发布了《中国银保监会办公厅关于银行保险机构切实解决老年人运用智能技术困难的通知》,以进一步解决老年人在办理金融业务过程中运用智能技术的困难。证券经营机构可结合实际工作,从中参考。

三是加强老年人适当性管理。老年人是特殊群体,证券经营机构应进一步细化老年人适当性管理工作。尤其是对于中高风险业务,应完善相关程序与流程,做好老年人服务工作。广东证券期货业协会于 2022 年 4 月发布了《广东辖区经营机构高龄投资者服务指南》,要求证券经营机构在高龄投资者开立账户、开通权限、签订相关服务协议或购买产品时,应做好投资者情况的全面了解、真实意愿核查、风险提示等工作,鼓励进一步细化对高龄投资者的风险揭示、客户回访、账户信息管理及适当性持续评估等工作。

四是持续做好老年人投教工作。建议证券经营机构关注老年人证券知识薄弱环节、常见证券纠纷或所涉高频服务事项,通过一些发生在身边的真实事件为切入点,制作典型案例册子、简易使用手册及视频教程,让老年人“一看便知”“一学就会”“一听就懂”,提升教育精度;充分运用传统媒体和新媒体宣传投教产品,扩大受众范围,如编写老年人证券知识读本或案例汇编、制作适老宣传片;积极与老年大学、养老服务机构、老年人社区中心等公益组织合作开发培训课程,通过走进社区、上市公司、投教基地开展投教活动,进一步丰富投教形式。

(二)涉老证券纠纷调解技巧方面

一是知己知彼,做好应对。受理纠纷后,调解员可通过对老年人进行背景调查,了解其健康、性格、职业、学历及家庭等情况,有利于把握调解节奏及确定策略,如面对案例 4 中退休老干部胡某,可采取“以老调老”方式,发挥年长调解员的优势和作用,以同龄人的身份消除沟通隔阂。对于有沟通障碍的老年人,应想方设法共同商定替代手段或邀请懂其方言的人参与调解;针对性格孤僻或独居的老年人,则需花更多时间去了解其“心结”,用爱心去体贴、融化老年人的心。

二是建立信任,有效沟通。老年人容易没有安全感,对他人缺乏信任感,建议调解员在疫情形势平稳可控的情况下,多采取现场调解方式,通过面对面的沟通交流,让老年人感受诚意,建立信任,减少沟通误会。对于老年人提出的问题,应多了解少判断,树立调解员中立形象。在条件允许的情况下,可发动其家人或亲朋好友参与到调解中,协助安抚,消除戒备心,让其更容易接受和认可解释,如案例 2 中由何某女儿介入做解释工作就起到了事半功倍的效果。

三是善于倾听,找准症结。随着社会角色的转换,老年人闲暇时间增多,容易产生心理落差和寂寞,喜欢追忆往事且有较强的沟通欲,但碍于身体机能和思维能力的衰退,有时候会词不达意、表述不清。因此,调解员要做好接收者的角色,认真、耐心倾听老年人诉求,要顺应他们的沟通能力,并适时帮老年人整理思绪。在倾听过程中,调解员要善于关注老年人的情绪,做好疏导,让其诉说心中不满,使其负面情绪得到发泄和平复,如案例 3 李某对产品收益预期较高,看待问题的视野变窄,后在调解员的耐心劝导下,焦虑情绪得到缓解,回归理性看待收益。对于老年人反映的问题应追溯以往、全面了解,特别要注重细节、查清事实,不能仅停留表面;既要查找问题形成的直接原因,也要深挖问题产生的深层次根源,从而对症下药。

四是有理有据,巧用外力。人老多疑是较常见的心理变化,加上社会发展太快造成的认知局限,会有一些老年人怀疑证券公司篡改交易数据、偷取客户资金等。调解员在沟通过程中应特别注意方式方法,既要让对方感到被尊重,又要以对方的认知能力为基础,有理有据地把常识性问题解释清楚,帮助老年人自我觉察。对于坚持己见的老年人，不要急于争辩，意见相左反而会让之更加执着。必要时，可以通过查询监管部门、交易所、中登公司等单位官网的制度规则，拨打官网公示的咨询电话等方式，引入外部权威，增加说服力，消除误解。如案例1中的周某对配债规则理解有分歧，调解员引导其向相关制定部门咨询确认；案例2中的何某对交易记录有异议，调解员则建议营业部协助其向深圳证券交易所申请查询，从而让何某信服。

案例3　关于交易系统故障投资者纠纷调解实践的思考

陈熠昕[*]　张晓芙[**]　周尚正[***]

近年来,随着金融科技应用不断深入,券商业务渠道不断扩张和延伸,对信息技术系统的投入和重视程度进一步加强,整个行业在系统化支撑的基础上,向数据化、智能化演进。看到成绩的同时,我们还需清醒地关注偶发的券商交易系统故障风险事件,以及相关投资者纠纷。

我国各层级的法律法规从不同角度明确了保障信息技术系统安全是券商的职责所在。《证券法》第118条第1款第6项规定"有合格的经营场所、业务设施和信息技术系统"是设立证券公司条件之一;《证券期货业信息安全保障管理办法》第4条第1款进一步规定,证券期货经营机构有义务"保护投资者交易安全和数据安全,并对本机构信息系统安全运行承担责任";《证券基金经营机构信息技术管理办法》(以下简称《信息技术管理办法》)第4条则细化:"应当保障充足的信息技术投入,在依法合规、有效防范风险的前提下,充分利用现代信息技术手段完善客户服务体系、改进业务运营模式、提升内部管理水平、增强合规风控能力,持续强化现代信息技术对证券基金业务活动的支撑作用。"

近年来,个别券商发生的交易系统故障风险事件再次为证券经营机构敲响了警钟;如何化解投资者相关纠纷成为经营机构与调解组织需要进一步研究的课题。本文结合纠纷调解实践,希望通过分享相关案例,与业界同人共同探讨解决路径。

---

[*] 甘肃证券期货业协会秘书长、中证资本市场法律服务中心甘肃调解工作站主任。

[**] 甘肃证券期货业协会纠纷调解部主任、中证资本市场法律服务中心甘肃调解工作站调解员。

[***] 甘肃证券期货业协会信息传导部副主任、中证资本市场法律服务中心甘肃调解工作站调解员。

一、交易系统故障纠纷调解实践案例

（一）案件概要

投资者张某诉称，2021年10月8日，其在使用某证券公司手机App进行股票交易时，该App出现故障。当时，其准备抛售证券账户内的50万股某股票，该软件的交易页面一闪而过，导致张某无法输入抛售份额，未能按预期抛售，后该股持续下跌。故张某要求某证券公司赔偿涉事股票50万股的差价损失。某证券公司营业部多次联系张某进行解释安抚，但双方协商未果。张某遂将向中证资本市场法律服务中心甘肃调解工作站（以下简称甘肃工作站）提起了调解申请。经征询某证券公司营业部同意，本纠纷进入调解程序。

（二）主要争议

张某认为，某证券公司的软件出现问题，使自己错过涉事股票价格高点，打乱了自己高抛低吸、降低成本的操作节奏，故证券公司应该赔偿其全部持仓软件故障当日最高价至当前价的差额损失。

某证券公司营业部主张：首先，其总部经自查确认，当日故障原因为个别客户查询历史成交明细区间不当，触发微软SQLSERVER[①]执行计划故障，导致证券公司一台历史数据库服务器对所有客户历史成交明细查询都执行全表扫描，引发系统响应客户请求缓慢，持续时间数分钟，确实影响了部分客户操作体验，但并不影响后续交易；其次，信息设备本身存在网络传输等多种风险，该等风险属于不可抗力因素；最后，除手机App外，张某还有其他多种委托方式可供选择。因此，营业部仅愿作出适当补偿，认为张某提出的赔偿额度超出了可承受的合理范围。

（三）调解过程及结果

调解员分析认为，双方对系统交易出现故障无异议，营业部也愿意作出补偿，争议的焦点在于补偿金额的确定。因此，解决本纠纷的关键是，双方在明确自己责任、权利的同时，也要明白只有一方降低诉求、一方作出让步，最终才能达成和解。

调解过程中，调解员向双方进一步指出，本纠纷唯有通过行业公益调解化解纠

① SQLSERVER是数据软件。

纷才是最佳方案,诉讼或者其他途径都将面临更多风险。特别是对于投资者而言,其承受的潜在风险有以下 3 点:

1. 责任认定风险。投资者开户时签署了《证券交易委托代理协议》,其中明确列示多种委托渠道,充分揭示网络交易风险,并就交易系统障碍列明相关免责条款。当然,系统故障是否满足免责条件需要复杂的技术论证,如论证结果符合免责条款,则投资者可能无法得到任何补偿。

2. 因果关系认定风险。如本纠纷中相关技术论证结果不符合免责条款,即在此情形下某证券公司需要担责,投资者还需要进一步论证损失结果和系统故障之间存在直接因果关系才能获赔。本纠纷中,投资者的证据难以证明其丧失了交易机会,同时也未证明其所主张的交易机会丧失与系统故障之间存在直接因果关系。因此,投资者的赔偿主张难以成立。

3. 诉求分歧过大风险。营业部有诚意通过调解最终化解纠纷,愿意通过支付和解金解决争议,是经营机构主动担当的表现。如果投资者诉求过高令对方无法接受,投资者就不得不寻求其他途径化解纠纷,维权的时间成本和经济成本均可能会加大。

与此同时,调解员亦开诚布公地向营业部指出,保障交易顺畅是法定义务,做好投资者教育、保护投资者合法权益是作为金融服务者的天职。适当作出让步、表达诚意既有助于争端解决,也能缓解投诉处理压力,避免负面舆情的出现。

经过面对面调解、数次线上沟通和多角度释法明理,双方最终接受了工作站的调解建议:(1)根据张某近 2 个月间对该股票日均交易股数 2 万股的交易惯例 × 当日核算差价,确定和解金额;(2)降低张某佣金费率至营业部最低标准。

最终,纠纷双方在甘肃工作站的努力下签署了调解协议。营业部支付投资者和解款,为投资者调低佣金费率,并将交易软件故障时的替代解决方案作为协议附件向张某逐条列示,避免类似情形再次影响张某交易的正常开展。同时,甘肃工作站提醒营业部,应加强信息技术系统测试管理,保障系统稳定性;应加强日常客户服务工作,进一步提升服务能力和客户体验感。

二、交易系统故障纠纷化解的不同视角

(一)监管正趋严

近几年,证券交易过程中出现系统故障屡见不鲜,也时有券商因此受到监管处罚。《信息技术管理办法》第 43 条第 1 款规定:“证券基金经营机构借助信息技术手段从事证券基金业务活动的,可以委托信息技术服务机构提供产品或服务,但证券基金经营机构依法应当承担的责任不因委托而免除或减轻。”因此,对于证券经营机构来说,交易系统故障即便不是其自身问题而是由其软件供应商造成,其应该首先向投资者承担责任,之后再依据与软件供应商之间的委托合同约定向软件供应商追偿。证券经营机构应将保护投资者账户和交易安全、维护投资者合法权益当作重中之重来考量。

为了规范证券期货业网络安全事件的报告和调查处理,减少网络安全事件的发生,2021 年中国证监会发布了《证券期货业网络安全事件报告与调查处理办法》,对网络和信息系统进行分类,对网络安全事件进行分级,对报告和调查处理作了相应规定,并对经营机构信息安全提出了更高更严格的要求。立法的本意无非是要保障市场参与各方在合同约定下,交易能够顺利进行。这也将倒逼经营机构加大对信息技术系统建设的投入力度,以满足日益扩容的资本市场需求,更好地服务实体经济。

(二)诉讼难度大

虽然在部分系统故障纠纷中,行政主管部门向证券经营机构出具了有明确依据的行政处罚决定书,但是因交易系统故障而受到影响的投资者仅凭行政处罚决定书进行维权并不容易。一是因为系统故障原因难以及时确定,故障发生时投资者无法准确判断故障原因从而及时留存可用证据。由于有的投资者不具备专业的判断能力,往往容易笼统地认为系统故障是机构方的问题,故未能及时排除自身设备和网络存在问题的可能性。二来投资者多以交易机会丧失、未能及时止损或预期收益落空为由要求补偿,但从诉讼实践来说,交易机会丧失的证明难度大,投资者以此作为赔偿的依据难以得到法院支持。

通过中国裁判文书网检索,现有交易系统故障投资者诉讼案由主要可以分为

侵权之诉和合同之诉。在侵权之诉中,一般侵权行为的构成要件有加害行为、损害后果、因果关系与主观过错。在交易系统设计研发过程中,交易系统经验收合格并符合国家和行业标准后才会投入使用,其间还将经历反复测试与修正。因此,系统突发故障多为意外事故或技术瑕疵,机构方故意为之的可能性极小,故障突发可能也不在合理风险预见范围内。故客观上无加害行为,主观上也不存在故意,至于是否属于重大过失,则需要复杂的技术论证,投资者很难证明证券经营机构的系统故障满足侵权行为要件。

大体来说,系统故障案件大多被归为合同之诉,以机构方和投资者签署的《证券交易委托代理合同》为依据。经整理有关判决文书,裁判路径可总结为以下三点:

一看约定,从故障的原因是否构成系统提供方免责情形、合同条款是否构成格式条款、能否被认定无效等方面考量。通常,证券经营机构与投资者签订的《证券交易委托代理合同》均约定多种自助委托方式、网上交易风险揭示书和免责条款。除对不可抗力导致的损失免责,另有诸如"因乙方不可预测或无法控制的系统故障、设备故障、通信故障、电力故障等突发事故及其他非乙方人为因素,给投资者造成损失的,不承担任何赔偿责任"这一类条款。但这些免责条款似乎又与经营机构需要承担的主体责任相违,有格式条款之嫌。

二看性质。系统故障一般是技术问题,系统提供方是否有过错?是否及时进行了维修?通常来说,交易系统故障大多"不可预测",出现故障时经营机构基本都能第一时间作出回应,并尽快进行修复控制。

三看证据。如何证明系统故障与投资者损失之间存在因果关系?单靠手机截屏,或是靠电脑拍图不足以支持索赔要求,故双方争议焦点往往在于是否存在损失事实,或故障发生时是否存在交易意图的真实表达。上海市第一中级人民法院曾就任某诉某券商案作出民事判决,虽认定涉诉券商"对于交易系统运行的安全、通畅负有相应义务,故障虽然系技术原因导致,但亦应当属于该券商未能履行上述义务的行为",但同时认为任某在接到故障告知电话后"未通过电话或者其他方式下达交易指令,且当日系统故障解除后的剩余交易时段中对系争股票没有任何交易操作,因此难以推定任某当日有大量卖出系争股票的内心真意,不能认定损失必然或实际发生,因而对任某诉请不予支持”。[①]

综上可见,虽然监管部门对市场交易运行安全呵护备至,但投资者维权之路并不平坦,行业调解仍是投资者的理性选择。相较于诉讼渠道,调解难度虽然也不小,但仍不失为效率更高、操作空间更大的解纷方式。

(三)调解很可为

正因为诉讼维权困难重重,所以中国裁判文书网近几年的相关判决中难觅其踪影。与此同时,调解组织受理的相关纠纷却有上升的趋势。这是因为,调解虽然以事实为依据,以法律为准绳,但更具灵活性,且有“申请便捷、程序简化、专业权威、效力保障”的优势。换言之,在不违法理的前提下,调解还能遵从行业惯例,求同存异,协调各方诉求,探索双方都能接受的解决方案。在前述调解案例中,张某既无实际损失发生,又无法提供交易意图证明,通过诉讼途径很可能得不到任何补偿。调解组织在遵从双方意愿的前提下提出建议,促成了双方的和解,使已经反复了一年有余的纠纷最终得以化解。

三、交易系统故障纠纷调解给我们的启示

对证券经营机构来说,可从以下四个方面着手提升服务,降低纠纷发生概率:(1)加强测试管理,保障信息系统的稳定性,从而从根本上确保投资者交易的安全、顺畅。(2)交易系统是券商提供给投资者用于传达交易指令的工具,券商对投资者负有通知、协助、保护等合同附随义务,应当尽到善意勤勉的责任。(3)在日常投资者教育中,应加强对多种交易方式和软件的介绍,充分提示投资者在存在技术故障的情况下,可通过其他途径实现正常交易。在出现交易软件故障时,工作人员应及时提示客户换用替代方案,并告知有关风险。有时硬件设备的强大,远不足一声到位的提醒。(4)熟悉《证券交易委托代理合同》中的免责条款,及时判断相关故障是否在“免责声明”范围内;如确需承担责任的,应尽快确定补偿范围、补偿标准,避免被动的情形发生。

对投资者而言,在系统故障发生时应留存证据,以便对故障原因的准确认定,

① 参见上海市第一中级人民法院民事判决书,(2017)沪01民终14396号。

对损失范围进行固定。同时,为避免交易受到影响,投资者应立即联系证券经营机构客服人员,根据对方的指导以选择其他方式完成交易。

对调解组织、调解员来说,交易系统故障引起的纠纷是难啃的硬骨头,颇具个案性,化解纠纷时要具体问题具体分析。此类纠纷当事人双方多数存在较大分歧,需要调解员对案件深入了解,提出中立、公允的调解建议,既讲事实说服投资者放弃不合理诉求,又讲情理让经营机构拿出担当和诚意,最终寻找到纠纷双方的契合点促成和解。

案例4　交易软件证券成交价变动争议纠纷案例分析

周　勇*

一、案例简析

投资者沈某在某证券公司甲营业部开立了资金账户。因个人投资需求，沈某后于2019年11月将本人证券账户转移至该证券公司另一个营业部。在办理转托管之前，沈某持有“四川路桥”（代码：600039）股票共19,000股。该股票由沈某于2015年2月至2016年1月陆续买入，每股成本价约为6.489元。在办理转托管时，某证券公司账户管理系统自动按照股票托管转入甲营业部席位当天的收盘价核算计算成本价。在转托管业务办妥后，成本价显示为该股票托管转入当天的收盘价，即3.3元。

沈某自述其以“最新成本价（3.3元）”为投资依据，当“四川路桥”股票价格上涨超过所谓“最新成本价”时，其于2020年4月9日将账户内“四川路桥”19,000股股票全部卖出，成交均价为4.06元，结果造成亏损约46,000元。沈某认为，上述股票投资决策失误而引起的亏损原因，系甲营业部和其员工未事先向其提醒成本价变动，故应由甲营业部承担其亏损。甲营业部认为，成本价仅为参考数据，不作为投资依据，且投资者在办理该项业务前已打印对账单，理应知悉自己此前购买“四川路桥”股票的真实成本价。由于二者理解发生分歧，纠纷就此产生。

* 长江证券股份有限公司。

二、纠纷争议事项及各方主张

本纠纷的主要争议事项为:(1)甲营业部是否履行了告知义务,向投资者提示了有关成本价变动事宜;(2)投资者的损失与甲营业部未充分提示成本价变动事宜是否存在因果关系。

(一)投资者的主张

投资者认为,其证券账户从某证券公司甲营业部迁移后,该营业部在未进行任何提前告知的情况下,后台成本价发生变动;而其是在该证券公司 App 软件显示的成本价误导下以低于真实成本价的价格卖出全部股票从而造成损失。因此,其作出的判断、决策及卖出股票操作而产生的投资损失,与某证券公司 App 软件显示成本价有误有直接的因果关系,甲营业部应赔偿全部损失。

(二)某证券公司甲营业部的主张

某证券公司甲营业部经核查后认为,其已履行了相应的告知义务,投资者损失系其自行投资决策造成,与甲营业部无关。具体理由如下:

1. 有关成本价依约仅供参考,证券公司已履行告知义务

投资者在开户时签署的《证券交易委托代理协议》载明,交易的成本价受股份转托管等方面影响,可能存在展示价格不准确的情况,成本价仅供参考。交易软件也进一步提示投资者有关成本价和参考盈亏仅作参考,不能作为买卖依据。

2. 证券转托管时账户管理系统成本价核算方式系行业内通常做法,不存在违规情形

通过核查账户管理系统及向公司信息技术部相关人员了解,甲营业部确认了投资者在办理证券转托管业务时,系统规则均是自动按照证券托管转入席位当天的收盘价进行计算成本价;通过向账户管理系统的供应商咨询,甲营业部进一步了解到上述系统规则也是目前证券行业系统集成商默认的系统设置规则之一。

3. 投资者应已知悉其持仓股票成本价变动情况

甲营业部经自查发现,沈某的开户资料完整,业务受理及办理过程规范。甲营业部查看了《对账单打印记录表》,有关历史登记情况显示,沈某分别于2015年7月9日、2016年11月18日、2017年4月21日、2019年10月18日、2020年12月24

日打印了对账单。另外,沈某于 2019 年 11 月办理转托管业务前也有对账单打印记录,成本价的变动情况在对账单中已有充分体现,其理应知晓成本价变动情况。

三、处理过程

(一)2021 年 4 月 1 日,投资者至营业部现场投诉

2021 年 4 月 1 日,投资者至某证券公司甲营业部现场进行投诉。甲营业部于 2021 年 4 月 1 日至 4 月 12 日通过当面解释、协商调解及电话方式与客户沈某沟通,向其详细解释有关营业部的主张。对此,沈某虽对甲营业部所述内容真实性表示认可,但仍以并不知晓成本价变动情况为由,对甲营业部提出索赔诉求。

(二)2021 年 4 月 8 日,投资者通过证券公司客服电话投诉

2021 年 4 月 8 日,投资者致电某证券公司客服中心进行投诉。甲营业部面见及电话沟通调解,未获得客户沈某认可。见自己提出的索赔要求被甲营业部拒绝后,客户沈某要求甲营业部提供对账单、历史证券情况表及情况说明并盖章。甲营业部按客户诉求提供了对账单和历史证券情况表,并口述成本价变动原因。

(三)2021 年 4 月 27 日,双方达成调解方案

鉴于分歧严重,双方一致同意在第三方调解组织的主持下进行协商调解。在甲营业部主动释放善意、希望互谅互让态度的影响下,经调解员解释与做工作,沈某重新认识了导致所购股票成本价变动的原因及双方在此过程中的行为,尤其加深了对"股市有风险,入市需谨慎"的深刻认识,在一定程度上对此事释怀。甲营业部出于关怀、保护投资者和社会责任,给予沈某一定金额的补偿。2021 年 4 月 27 日,双方在调解机构的主持下,现场签署《证券纠纷调解协议书》。嗣后,甲营业部依据《证券纠纷调解协议书》的约定,将补偿款汇划至客户指定账户。上述纠纷就此案结事了,双方均对调解结果表示满意。

四、反思

本次纠纷中,投资者认为证券经营机构"未尽到告知义务",其是在证券公司 App 交易软件显示的成本价误导下进行操作,导致低价抛售股票造成经济亏损。

事后,甲营业部认真总结、深刻反思了本次纠纷,通过开展合规培训、自查自纠等工作,完善内控机制,夯实服务基础,通过多途径、多形式做好投资者教育和服务工作。包括:

1. 根据过往客户咨询及投诉,梳理客户交易和业务办理易发多发问题,完善机制流程,整理标准话述,制作《客户问答手册》,利用合规培训,让营业部员工吃透把准;

2. 利用客户现场办理业务、电话或线上咨询,以及客户投教活动,做好《客户问答手册》宣导解释工作,防患于未然;

3. 将 App 交易软件显示成本价前后不一致问题反馈至信息技术总部,推动公司层级一方面查漏补缺,另一方面在公司官网、各类交易软件显著位置进行"成本价因业务办理等原因会存在展示价格不准确"的风险揭示,并就交易软件使用问题做好咨询解答。

市场主体落实投资者投诉处理的首要责任,妥善化解与投资者之间的民事纠纷,是以人民为中心、为投资者办实事的必然要求,也是防范化解风险、提升服务实体经济能力的重要举措。面对客户投诉纠纷,甲营业部始终对客户保持敬畏心和同理心,尽最大努力协助客户维护权益,尽力多元化解矛盾纠纷,加强诉源治理。

五、建　　议

2022 年是资本市场全面深化改革重要之年,为更好满足投资者日益增长的多元化金融服务需求,助力资本市场稳健发展,证券经营机构要提高政治站位,切实扛起政治责任、历史责任、社会责任、行业责任、主体责任,建立健全以人民为中心、以息诉为重心、以投保为核心的客户纠纷防范化解机制体制,推动投资者纠纷调解化解与投资者保护工作再上新台阶。

(一)提高政治站位,站稳人民立场

2021 年 9 月 23 日,时任中国证监会副主席阎庆民同志在第四批全国证券期货投资者教育基地授牌活动中指出,我国资本市场个人投资者已突破 1.9 亿人,持股市值在 50 万元以下的中小投资者占比达 97%。人员多、底子薄、差异大、抗风险能力偏弱,决定客户投诉纠纷在一定时期内处于易发、多发期,凸现投资者保护工作

的重要性、长期性、艰巨性、复杂性。

习近平总书记指出,“做好金融工作要把握好以下重要原则:第一,回归本源,服从服务于经济社会发展。金融要把为实体经济服务作为出发点和落脚点,全面提升服务效率和水平,把更多金融资源配置到经济社会发展的重点领域和薄弱环节,更好满足人民群众和实体经济多样化的金融需求”。“要积极发展普惠金融,大力支持小微企业、‘三农’和精准脱贫等经济社会发展薄弱环节,着力解决融资难融资贵问题”。① 习近平总书记的指示为我们做好投资者服务与保护工作指明了方向,标示了重点。

证券经营机构要通过学思践悟习近平新时代中国特色社会主义思想,特别是习近平总书记关于金融政治性人民性的重要论述,深刻认识到作为直接融资的“服务商”、社会财富的“管理者”、金融创新的“领头羊”、资本市场的“看门人”,在坚持社会主义金融方向,服从中央决策,服从国家战略,服务实体经济,服务国计民生,促进资本市场稳健发展,促进社会和谐安宁等方面所肩负的政治责任、历史责任、社会责任、行业责任、主体责任。

证券经营机构要坚定不移践行金融为民理念,坚持一切发展为了人民,一切建设依靠人民,一切成果人民共享,以走好群众路线、扩大群众参与、维护群众利益、解决群众问题、保障人民群众得到合规、诚信、专业、稳健的金融服务和金融产品以己任,切实满足人民群众多元化金融服务需求,积极促进资本市场规范稳健发展。

(二)情理法并用,道势术共行

立场的对立、利益的冲突、观点的分歧、认识的差异,考验着客户纠纷处理工作的技巧与效果。而妥善处理客户纠纷,既是证券经营机构法定义务与主体责任,又是化解消极因素、保护客户权益、减少社会对抗、促进族群和谐应有之义,更是改善服务质量、重建信任关系、增强客户认同、创树社会形象的机会。中国证券业协会、中国期货业协会、中国上市公司协会、中国证券投资基金业协会 4 家行业协会联合发布《“提高客户服务质量　提升投资者满意度”倡议书》,呼吁各市场主体落实投资者投诉处理的首要责任,妥善化解与投资者之间的民事纠纷,保护投资者合法

① 《习近平:深化金融改革　促进经济和金融良性循环健康发展》,载人民网 2017 年 7 月 16 日,http://jhsjk.people.cn/article/29407694。

权益。

为贯彻落实《证券基金期货经营机构投资者投诉处理工作指引(试行)》提出的"依法、公平、公正、便民"的原则,证券经营机构可以尝试"一二三四五,客户化解法"。

一个中心:以和为贵。

二个重点:客户息诉息访、纠纷案结事了。

三个方法:情理法并用、德道术共行、标本源兼治。

四个要素:尊重的倾听、恰当的回应、友善的引导、同理的说服。

五个关键:以情为先、以理为导、以法为基、以诚为入、以善为本。

为此,证券经营机构要通过营造友善、真诚、开放、和谐的氛围,开展耐心、积极、有效的沟通,引导客户从情绪激动到回归理智,从沉浸过去到设想未来,从强调分歧到促进共识,从强化自我到关注对方,促进达成互利双赢的结果。更要通过诚心对待、精心准备、真心沟通、耐心因应,以及全身心投入、全过程参与、全方位推进、全流程改善,最终赢得客户的认同与配合,达成调解或和解,达到息诉息访的效果。

(三)练好基本功,当好守门人

通过"十办"解"十难",提升客户体验。面对投资者多元化金融需求,证券经营机构要转变观念,在客户服务上出实招、用真功:

化繁为简可视办,解决投资知识理解难;

寓教于乐形象办,解决投资风险把握难;

深入浅出坚持办,解决投资能力提高难;

就案说法宣传办,解决投资陷阱识别难;

尽调适配严肃办,解决风险错配承受难;

明码实价公示办,解决佣金收费明白难;

电邮网信多途办,解决信息获取知情难;

严守底线合规办,解决投资机会公平难;

关怀互动温馨办,解决投资服务获得难;

维稳同理多元办,解决投诉要求响应难。

为此,证券经营机构要重点围绕"用得上的知识、看得明的合同、听得懂的术语、信得过的产品、靠得住的服务、行得通的办法、做得到的能力、记得住的活动”做文章。

前端：充分了解客户特征及风险承受能力，妥善处理利益驱动与法规约束的关系，切实把握业务拓展与合规风控平衡，强化员工合规展业意识与能力水平。

中端：充分揭示产品风险，明确服务程序和标准，落实产品（服务）与客户风险等级适配，加强营销行为监测管控，做好“双录”留痕，助推客户理性投资。

后端：积极学习运用“枫桥经验”，提供多种投诉受理渠道，保障客户诉有所途、诉有所理，做到“小事不出营业部，大事不出分公司，难事不出公司总部”。通过扎扎实实地投入、真真切切地化解、明明白白地保护，增强投资者获得感、幸福感、安全感。

习近平总书记2021年在“七一”重要讲话中提出：“新的征程上，我们必须紧紧依靠人民创造历史，坚持全心全意为人民服务的根本宗旨，站稳人民立场，贯彻党的群众路线，尊重人民首创精神，践行以人民为中心的发展思想，发展全过程人民民主，维护社会公平正义，着力解决发展不平衡不充分问题和人民群众急难愁盼问题，推动人的全面发展、全体人民共同富裕取得更为明显的实质性进展！”①随着资本市场的快速发展、投资者维权意识的不断增强，对投保制度机制建设、文化理念培育、善后维权救济、源头治理防范提出了更高要求。防范化解证券纠纷、落实投保工作人民性任重道远。

证券经营机构要时刻不忘为人民服务的初心，积极践行金融报国的使命，有效落实行业文化理念，充分发挥市场中介者、服务者功能，取得防范化解证券纠纷工作新突破，谱写投资者保护事业新篇章，助力资本市场高质量发展新格局。

---

① 《在庆祝中国共产党成立100周年大会上的讲话（2021年7月1日）》，载人民网2021年7月2日，http://jhsjk.people.cn/article/32146864。

案例5 “开户数据可跑路，销户客户得跑腿”
——调解案例分析

徐　军*

一、案例简介

2022年1月，调解员（笔者）受理一单证券账户销户纠纷。据投资者胡先生反映，其在甲证券公司海口营业部开立了证券账户，近些年一直没怎么入金交易。因为工作调动离开了海口，为避免日后麻烦，胡先生计划注销掉该证券账户，但在销户过程中受到甲证券营业部工作人员的故意刁难，历经1个多星期沟通，最终还是被要求临柜办理。对此，胡先生质疑为什么投资者开户可通过手机一键操作，注销时却被要求到营业网点临柜办理。

据甲证券公司海口营业部合规负责人反馈，营业部并不存在故意刁难、蓄意挽留客户的情形。从胡先生首次来电询问销户流程时，工作人员已电话提示其要先将证券账户持有余额清零，不得有未了结业务，并建议其先将股票清仓或转到别家证券公司开立的账户上，将资金全部转到绑定的银行卡里。胡先生一直忙于工作，未能及时操作。后续胡先生通知营业部办理销户手续时，营业部才发现胡先生的证券账户开通了“质押式报价回购交易”业务。根据投资者适当性管理的规定，质押式报价回购交易是一种风险等级较高的业务，按照甲证券公司《非现场开转销户业务管理细则》，暂不允许投资者通过非现场方式办理销户。甲证券公司得知投资者目前人在异地后，已多次建议其可到所在地营业部办理。

* 中证资本市场法律服务中心海南调解工作站调解员。

二、争 议 焦 点

胡先生表示当时是通过手机 App 操作一键开户，未曾见过相关协议。若销户和开户的方式不一致，证券公司理应在投资者开户时做特别提醒。

甲证券公司海口营业部则表示，若胡先生在开户过程中不勾选"已阅读"按钮则无法完成网上开户，由此可推定胡先生知晓并理解协议内容。协议为中国证券登记结算有限责任公司提供的格式文本，并未明确开销户方式，实操中各公司都是按照各自内控管理制度执行。

三、事实和理由

(一)证券账户概念

证券账户是记录证券及证券衍生品种持有及其变动情况的载体，中国证券登记结算有限责任公司对证券账户实施统一管理，具体账户业务可以委托开户代理机构办理。开户代理机构，是指代理中国证券登记结算有限责任公司办理证券账户业务的证券公司等机构。

证券公司只是开户代理机构，中国证券登记结算有限责任公司对开户代理机构实行自律管理，证券公司提供给客户签署的各种业务协议文本均为中国证券登记结算有限责任公司提供的模板，证券公司与中国证券登记结算有限责任公司共同落实《中华人民共和国证券法》账户实名制和投资者适当性管理规定等要求，共同履行协议约定的权利义务。

(二)转户、销户有关自律管理规定

《中国证券登记结算有限责任公司证券账户管理规则(2014 年修订)》第 28 条规定："证券公司应当及时为投资者办理证券账户销户、转指定、转托管业务。证券公司应当在与该证券账户相关的业务了结后两个交易日内办理完毕。"第 53 条规定："投资者申请注销证券账户，应当同时满足以下条件：(一)证券账户持有余额为零；(二)不存在与该证券账户相关的未了结业务；(三)本公司规定的其他情形。投资者申请注销证券账户时，应当确保满足注销条件，并不得使用注销账户申报交易,因此产生相应的经济损失及法律责任由投资者自行承担。”

《中国证券登记结算有限责任公司证券账户非现场开户实施细则(2021年修订)》第21条规定:“对于投资者提出的非现场账户业务申请,开户代理机构可以比照公司现行的非现场开户方案制定非现场账户业务流程,采取有效手段核实投资者真实身份后,为其办理相应业务。”第22条规定:“对于非现场开户(见证开户和网上开户)的投资者,应当至少提供与开户方式一致的非现场销户(见证销户和网上销户)服务。”

《中国证券登记结算有限责任公司证券账户业务指南(2022年修订)》第5.1.7条规定:“【办理方式】开户代理机构可根据中国证券登记结算有限责任公司有关规定采取临柜、见证、网络或中国证券登记结算有限责任公司认可的其他非现场方式为投资者办理证券账户注销业务。开户代理机构应当为投资者异地办理证券账户注销业务提供便利条件,所属各开户代理网点应当通柜受理投资者账户注销业务申请,履行必要的审核义务后转交具有办理权限的开户代理网点办理。”

(三)质押式报价回购交易业务概念

根据《中国证券登记结算有限责任公司上海分公司质押式报价回购登记结算业务指南(2019年修订)》,质押式报价回购(以下简称报价回购)是指证券公司将符合规定的自有资产作为质押券,以质押券折算后的标准券总额为融资额度,向其指定交易客户以证券公司报价、客户接受报价的方式融入资金,在约定的购回日客户收回融出资金并获得相应收益的交易。证券公司可以提交以下自有资产作为质押券:(1)可用于上海证券交易所债券质押式回购交易的债券;(2)基金份额;(3)上海证券交易所和中国证券登记结算有限责任公司认可的其他证券。

在质押模式中,质押式报价回购交易实质上是一种权利质押贷款,即正回购方(证券公司)以证券为担保物,向逆回购方(客户)融入资金,基本没有突破《中华人民共和国民法典》关于质押担保、民间借贷的规定范围。

四、调解过程

调解员再次与甲证券营业部合规负责人沟通。负责人表示,营业部只是在执行公司内控管理制度。甲证券公司在全国有200多家营业部,每家对此项业务销户办理模式都一样，虽然公司总部正在讨论修订《非现场开转销户业务管理细则》，日后销户方式可能会有所变化，但目前仍是此模式。负责人同时表示，从方便客户角度出发，营业部已经与客户所在地营业部进行沟通，可在客户所在地的营业部办理销户，并报销胡先生临柜办理业务的往返交通费。

调解员向合规负责人指出：一是从《中华人民共和国民法典》角度出发，质押式报价回购协议本质上是一种权利质押贷款合同，合同双方应当是平等主体，合同文本由证券公司提供的，不容许客户进行修改。按照《中华人民共和国民法典》第142条、第466条的规定，制定格式条款的一方，需要尽到提醒的义务，如果格式条款有歧义的，应当对条款制作人作不利的解释。双方协议并未约定合同解除时的操作方式，双方应该友好协商，不应当单方面增加投资者责任。二是从自律规则角度出发，《中国证券登记结算有限责任公司证券账户非现场开户实施细则(2021年修订)》已于2021年10月30日生效，第22条规定："对于非现场开户(见证开户和网上开户)的投资者，应当至少提供与开户方式一致的非现场销户(见证销户和网上销户)服务。"三是从涉诉风险角度出发，胡先生与甲证券公司无借贷资金往来，质押式报价回购子账户余额始终为0，不存在潜在的经济纠纷。综上分析，请营业部向公司总部报告相关情况，探讨是否有更便捷高效的办理方式。

两天后，调解员收到营业部合规负责人的来电，负责人表示已将胡先生情况向公司总部作了专项汇报，总部通过录音电话对客户进行了回访，已从柜面系统中注销了"报价回购交易"权限，现在客户可直接通过手机操作注销整个证券账户。

随后，调解员致电胡先生回访销户情况，胡先生查阅手机App后表示可以网上销户，对调解结果表示满意。

五、案情分析

投资者与证券公司的纠纷种类繁多，据"12386"投资者热线统计数据，2021年全国证券公司的投诉问题主要有5类，分别是：(1)客户服务；(2)开、转销户；(3)规范经营；(4)系统问题；(5)佣金纠纷。其中，开、转销户方面的投诉量约占1/4，发生频率较高。据统计，开、转销户问题投诉量排名前10的证券公司中，有8家在2021年监管分类评级为AA。投诉问题主要包括：未对投资者销户提供便利条件、

设置其他限制条件导致无法办理网上销户、拖延转户等。销户难的常见原因如下:

(一)投资者存在证券账户未了结业务

除常见的证券账户余额未主动清零外,还存在捆绑业务未到期,如投资者与证券营业部之间存在开户后签订协议借用电子设备、承诺交易量、免费开户承诺账户锁定期等需要处理完成才能办理转销户业务的情形。

(二)投资者对转销户流程不熟悉

一般来说,转销户流程至少包括转托管(或者撤销指定交易)、利息结转、交易结算资金银证转账、第三方存管银行账户销户和资金账户销户等流程。如果涉及账户规范、交易、新股申购、代销基金份额转托管、融资融券信用账户销户,流程将更为复杂。

(三)投资者不关心协议内容

不少投资者在办理相关证券账户业务时,只关注证券公司工作人员的口头介绍,对于账户管理规则基础知识及相关规则了解不足,几乎不会认真阅读协议文本内容,甚至没有保留协议文本的意识,遇到销户阻碍时难以据理力争。

(四)少数证券公司意在挽留客户

部分投资者由于各类信息不对称、业务办理流程烦琐,遇到限制转销户的情况时会选择隐忍或者索性放弃,因此部分证券经营机构将限制转销户作为挽留客户的主要手段之一。部分证券经营机构借由内部管理制度规定、负责人外出等拖延办理时间,以便了解客户销户动机,然后希望通过更换客户经理、降低佣金、提供增值服务等方式达到挽留客户的目的。

(五)多数证券公司出于合规考虑

证券公司为投资者办理开、转销户业务的方式主要包括临柜与非现场两大类,但不论采用哪一种方式都必须有效验证投资者身份、落实账户实名制要求。证券公司决定采取何种方式取决于该手段是否能满足合规要求,若公司现行信息技术无法满足自律管理规定的要求,从合规经营和规避涉诉风险的角度出发,其倾向于采取保守的临柜方式。

有证券公司合规人员坦言,公司与投资者签署的都是预制合同,绝大部分是格式条款,证券公司需要承担风险揭示和格式条款释明义务。对于证券公司而言,临柜办理业务无疑是风险最低的。证券公司越谨慎,在面对监管检查,甚至遭遇投资者亏损索赔时,越能够提供确实充分的佐证资料。开户是招揽业务。证券公司一般对投资者比较了解,预期投资者能够给证券公司带来利润,即使存在一定风险,也愿意为投资者提供网上办理渠道。销户是客户流失,可能是同业竞争导致,也可能是客户账户出现亏损导致。客户销户意味着潜在投诉风险较高。证券公司在办理注销时要求临柜,往往是为了将证券账户余额结算清楚,释明双方合同的权利义务已终止,并取得投资者书面签字。

六、相关建议

(一)投资者需提前了解销户手续

投资者确实对服务不满意,或者出于其他原因而要求转销户的,可提前致电证券公司客服了解关于证券账户转销户的相关流程。首先,确认是否存在与该证券账户相关的未了结业务,预留转销户的合理时间,协商办理。同时,为了确保证券交易不受影响,投资者可以在新指定交易券商处先开立账户,然后再办理转托管(或撤销指定交易)和资金划转。

(二)证券公司应提高服务质量

证券公司应着力提高服务质量,避免同业间恶性竞争。在开展投资者教育工作时,应向投资者普及证券账户管理规则基础知识及相关规则。对于需要临柜办理销户的业务,务必在投资者开通时一并告知,提高投资者对转销户业务办理要求的认知和了解。对于无法挽留的客户,应第一时间协助办理转销户,共同维护证券行业良好生态。

(三)拨打"12386"投资者热线反映问题

中国证券登记结算有限责任公司发布的数据显示,我国证券市场投资者数量自2019年3月突破1.5亿以来不断增长,到2022年2月25日已突破2亿大关,其中95%以上是中小投资者。由于普遍缺乏投资和法律知识,以及证券市场活动较强的专业性,中小投资者成为权益最容易受到损害的投资者群体,投诉体量也非常大。

2013年,根据中国证监会委托,中国证券投资者保护基金有限责任公司承建并运行"12386"投资者热线。通过电话、中国证监会网站"我要留言""给主席写信"

栏目以及投保基金“12386”投资者热线等渠道受理投资者的投诉、咨询及建议，成为解决中小投资者各类诉求的有效途径。如果投资者对证券期货相关业务和制度不理解，可拨打“12386”投资者热线向中国证券投资者保护基金有限责任公司咨询。如果与经营机构存在纠纷，可拨打“12386”投资者热线进行投诉，中国证券投资者保护基金有限责任公司会将形成投诉工单移交给对应经营机构总部，并督促经营机构于收到之日起 20 日内办结。如果经营机构办理结果令投资者不满意，中国证券投资者保护基金有限责任公司可征询投资者调解意向后转交调解组织办理。

（四）登录中国投资者求助调解组织

投资者与经营机构发生纠纷，拨打“12386”无效或无法协商解决的，可直接登录中国投资者(www. investor. org. cn)点击“全国证券期货纠纷调解平台”进行注册。全国证券期货纠纷调解平台提供菜单式调解服务，现有 37 家由中国证监会认可的证券期货纠纷调解组织和超过 800 位调解员入驻平台。调解员来自各家证券公司、期货公司、基金公司、行业自律组织等至少有 5 年从业经历的中高层管理人员，以及律师、证券期货监管工作人员、高校讲师、退休法官等。

调解作为一种高效、柔性和务实的纠纷解决模式，在解决证券期货纠纷方面更具独特优势。调解以协商对话和相互妥协的方式解决纠纷，程序更灵活高效，成本更低廉，符合当事人和社会解决纠纷的需要。尤其在标的金额小、法律关系简单、但投资者举证困难的情况下，采用调解方式解决纠纷，将取得事半功倍的效果。

调解员能够结合自身工作经验和专业知识帮助投资者从杂乱无章的事实资料中提取出有力证据，通过与投资者沟通，帮助投资者梳理核心观点和诉求，对于投资者不合理诉求进行释法说理，组织投资者与经营机构进行面对面交流谈判，合理运用调解技巧，以撮合双方达成和解。即使未达成和解，也能够帮助投资者对纠纷的事实和理由形成清晰的认识，为之后可能进行的诉讼或者仲裁程序打下基础。

案例6　融资融券业务投资损失责任纠纷案例

吴悠地[*]　李天缘[**]

一、案情概述

A投资者年近八旬，是X证券营业部的客户。2016年，亲属B投资者开立融资融券账户，账户开立后主要由A投资者实际管理和操作。2017年，A投资者应营业部Y员工邀请参加投资报告会。投资报告会介绍，经过一段时间频繁委托交易，B投资者的账户亏损严重。同时，由于多笔合约展期，合约利息达20余万元。A投资者认为账户亏损及展期利息均是由营业部造成，几年间多次向X证券营业部、证券公司等单位以及行业监管机构投诉和举报。在A投资者维权期间，证券公司终止了与B投资者签订的融资融券业务合约，不再受理展期申请，B投资者信用账户发生强制平仓，造成较大经济损失。A投资者受B投资者委托，就投资损失和融资融券账户利息向X证券营业部主张赔偿。两方围绕争议事项无法达成一致意见，遂向中证资本市场法律服务中心辽宁调解工作站申请调解处理。

二、双方争议焦点

A投资者称，B投资者开立融资融券账户是为帮助营业部Y员工完成考核任务，自己代为操作账户是营业部默许。2017年，A投资者参加投资报告会后咨询了

---

* 中证资本市场法律服务中心辽宁调解工作站调解员。

** 中证资本市场法律服务中心辽宁调解工作站调解员。

Z 讲师,B 投资者账户亏损主要是由于听从 Z 讲师的建议操作造成的。B 投资者融资融券账户进行的多笔展期均是 Y 员工在 A 投资者不知情情况下代为操作,损失均应由营业部负责。

营业部认为,己方曾持续不断地与账户持有人 B 投资者联系,前后多次通过电话、短信等形式提示 B 投资者,开立信用账户出于本人意愿,账户应由其本人使用,向他人出借证券账户的行为违反法律规定。同时,Z 讲师当年仅对股票的基本面进行了点评,并未给出明确具体的投资建议。而在此之后的很长一段时间内,A 投资者基于主观交易决策持续频繁交易股票,A 投资者应对自己的交易决策负担后果,己方不应对其亏损负有责任。

三、调解过程及结果

考虑 B 投资者为账户实际持有人且 A 投资者老龄因素,经沟通,B 投资者表示愿意陪同 A 投资者一同出席调解。中证资本市场法律服务中心辽宁调解工作站工作人员及调解员积极介入,了解纠纷情况并进行情绪疏导,耐心倾听其讲述纠纷经过,并与营业部说法进行对照。通过查证材料和数次沟通,调解员了解到:

关于账户开立,经初步判断,B 投资者账户开立及回访基本符合既定程序要求。A 投资者年近八旬,不符合开立信用账户的适当性要求,亲属 B 投资者开立信用账户是为了满足 A 融资交易需要,并无投资者所述开户是为了帮助员工完成考核指标的情况。

关于账户使用和展期操作,A 投资者参与营业部现场交易多年,B 投资者信用账户开立后,A 投资者交替使用自己的普通账户账号和其亲属信用账户账号登录现场电脑系统交易,营业部虽然没有实时监控,但对 B 投资者长期出借账户给 A 投资者使用这一情况知情。A 投资者也曾就账户合约展期操作向员工进行咨询,没有出现员工代为操作投资者账户进行信用账户合约展期的情形。

关于停止展期和强制平仓,因 B 投资者数次未按期归还合约负债,证券公司停止为其融资合约进行展期,尽到了强制平仓前的通知义务,并在 B 投资者信用合约跌破清仓线后进行了强制平仓的操作,程序均符合合同约定并遵照公司既定规程。

在调解员晓之以理的分析和疏导下,投资者能够认识到己方对账户管理和使用的不当之处,重新审视并认清了己方应当履行的账户关注义务,对索赔金额不再盲目坚持。同时,营业部也认识到其自身在投资者适当性管理、服务输出和人员管理等方面存在疏忽和失当。经过多轮沟通,调解员引导争议双方重新审视责任和义务,重新界定纠纷争议金额,签订了调解协议。随后,双方共同作为申请人向属地基层人民法院就调解协议效力申请了司法确认,人民法院出具了民事裁定书。B投资者注销了其融资融券账户,双方权利义务履行完毕。

四、案 例 评 析

(一)主要矛盾及成因

投资者方面:很多投资者进入股市的初衷并不是金融投资,他们被时代的洪流和周围“股神”们的声音裹挟着,抱着投机和打发时间的目的进入证券市场,本身缺乏一定的金融基础知识,更缺乏对市场的敬畏之心。本案例中,A 投资者教师岗位退休后经友人介绍进入证券市场,缺乏金融知识和投资经验,凭借互联网冗杂的信息和周围股民朋友的推荐闯荡股市,盲目相信证券公司专业人士给出的投资建议,对高风险产品和创新业务缺乏基本理解和独立判断能力。因不愿也无力承担交易风险,A 投资者在实际产生亏损后心结难平又非常执拗,很容易将责任归咎于与其产生交集的人和单位,导致对投资方向失了判断,对权益主张失了分寸。

经营机构方面:投资者适当性制度在经营环节落实不到位的情况并不鲜见。部分证券经营机构在客户资源竞争日益激烈的情况下,由于自身业务压力、业绩考核指标负担,未能严格执行投资者适当性制度,使投资者在不了解投资产品、不清楚投资风险的情况下进行投资,加剧了投资风险。特别是一些刚进入市场的投资者和老年投资者,他们对一些市场上刚出现的新品种、新业务往往缺乏了解,看到某类品种有投机机会便可能蜂拥而上,往往忽略了其中潜藏的危机和风险。对这部分投资者而言,证券经营机构更应该加强投资者适当性管理并开展充分的投资者教育。

本案中的老年投资者缺乏基本的融资融券业务知识,而营业部工作人员明知投资者使用其亲属的信用账户参与交易的情况下,依旧允许其在营业部现场交易,并协助其操作“展期”等业务,存在未能严格落实账户实名制使用规定、执行投资者适当性制度明显不到位等问题。A投资者投诉后,营业部改为通过强制平仓了结B投资者信用账户到期合约,而不再为其进行常规的"展期"操作,这与前期营业部主动提出协助其办理"展期"的操作形成鲜明反差。对老年投资者来说,被动接受不能展期的后果、缺乏过度及适应的过程、服务的差异化体验唤起了投资者的不满情绪和维权意识。

营业部知晓B投资者为账户持有人,而大多数时候由A投资者代为操作。我国《上海证券交易所融资融券交易实施细则》第6条规定:"会员应当加强客户适当性管理,明确客户参与融资融券交易应具备的资产、交易经验等条件,引导客户在充分了解融资融券业务特点的基础上合法合规参与交易。"基于以上规定可以看出,营业部并未履行好投资者适当性管理义务。本案中,作为实际操作人的A投资者对融资融券业务规则了解并不充分,且缺乏一定的风险承受能力。当股票下跌时,其无法承担融资融券业务带来的杠杆放大、强制平仓等超过投资者对证券市场风险的认知和承受能力的风险。证券经营机构,虽然看似全面完整地向投资者讲解了相关业务的注意事项和风险提示,但对于老年投资者而言,更适合他们的服务是白话讲解乃至实务教学,而不是堆砌文字性材料让他们独自理解并确认签字,或者单纯为了合乎程序让投资者例行配合走完公司内部流程。纠纷往往源自细节。一方面,经营机构点到为止,阐述并不深入;另一方面,投资者,尤其是老年投资者的理解难免与经营机构预期的服务输出效果存在偏差。因此,投资者不停地向营业部及相关单位投诉的行为,可以理解为损失责任转移的尝试和亏损情绪的释放。

(二)调解成功的原因

由于价值归属、利益取向等因素的差异,社会生活中纠纷常见。调解解决纠纷,就是使差异缩小、认同提升的过程。本案中,调解员设身处地为投资者着想,为营业部参谋把脉,通过长时间的沟通调解,数次将分歧无法弥合的双方当事人拉回到调解桌前,凭借同业经验和专业知识,最终取得营业部和投资者的认同。本次调解成功的原因如下。

首先,调解员走近投资者,取得投资者信任。本案考虑到投资者年龄大、性格直爽、表达欲望强,调解员耐心倾听投资者的陈述,避免在中途打断发言,在投资者充分表达完自己的观点后,不急于评判或反驳,令投资者建立起对调解员和调解工作的信任。其次,对于投资者提出的赔偿要求,调解员采用逐步分解、逐条分析的方法,让投资者对争议诉求有更明晰的认识。回归本案,调解员将投资者的诉求分解为投资亏损、融资利息及异地投诉费用开销等方面,并进行了逐项解析,为后续双方进一步协商划清了责任边界。

其次,负责本案的调解员拥有数十年从业经验。调解员以同业视角与营业部分享并共同探讨了证券经营机构在投资者教育、适当性管理及客户投诉等相关问题上的管理思路,指出营业部在上述问题处理上的疏漏及可能产生的后果。营业部对此表示理解和认同,对自身问题有了更清晰的审视。

再次,司法确认提供了调解协议的履行保障。本案调解协议最终经属地基层人民法院赋予了司法效力。民事裁定书载明,该起纠纷经中证资本市场法律服务中心辽宁调解工作站主持调解达成的调解协议有效,当事人应当按照调解协议约定自觉履行义务,一方当事人拒绝履行或者未全部履行的,对方当事人可以向人民法院申请强制执行。"调解 + 司法确认"在辽宁辖区已展开多次实践,通过积极探索诉调对接合作机制,取得人民法院相关业务支持和司法保障,高效利用各自专业优势推动着调解工作实现新突破,为纠纷双方带去便捷高效的解纷体验。

五、启　　示

2016 年 3 月 1 日起,以新股发行注册制为代表的市场化制度对投资者尤其是中小投资者的专业经验和风险承受能力要求明显提升。投资者务必理性投资、科学投资,了解自身的风险承受能力、风险偏好以及思维的盲区。

证券经营机构应持续做好中小投资者合法权益保护工作,应高度关注投资者教育、证券账户实名制使用规定和投资者适当性管理。对待投诉,应尽早发现矛盾,解决问题,避免因解决不当或时机过晚给投资者造成投资损失以外的经济负担和心理创伤。具体而言:

一是要加强投资者教育。证券公司应通过多种方式、多种渠道向投资者普及证券交易规则、业务知识。例如,投资报告会,除了常规的市场研判、行业分析等环节,应该相应地增加有关创新业务规则、风险揭示等内容。在了解到投资者特别是老年投资者即将参与或正在进行融资交易时,证券公司应当适时向投资者详细介绍业务规则、费用收取标准,进行必要且充分的风险告知,并及时更新适格投资者的知识与信息储备。

二是严格落实投资者适当性管理。经营机构应当切实了解投资者的基本信息、收入来源、投资经验、期望收益和风险偏好等基本情况,并科学有效地评估投资者的风险承受能力,提出明确的适当性匹配意见,将适当的业务推荐给合适的投资者,避免因为开展业务而让适当性要求流于形式。在两融业务开户环节切实做好业务规则介绍、风险提示、风险测评等适当性管理工作,让投资者充分了解融资融券业务"双刃剑"的性质并知悉融资融券业务的相关规则以及违约后会被平仓等各类风险。

三是应当积极主动响应投资者的合理诉求,对投资者长期、多次反映的问题进行深入研究。要充分认识投资者个体差异,提升服务投资者的主动性、针对性、有效性,提高精细化服务质量,尤其是要加强对老年投资者的服务保障。在销售产品或提供服务时,要充分了解年龄信息,审慎评估,持续做好适当性管理工作;要耐心做好规则解读,进行充分的风险揭示,让投资者能够听懂、可以理解并且自愿接受产品和服务,努力为投资者提供更加便捷、优质的服务。

Cases
Review of Dispute
Mediation

第二篇

基金专题

案例1 “互联网+”调解模式创新实践
——理财产品业务纠纷调解案例解析

易 徽[*] 夏 丹[**]

一、引 言

2016年5月，中国证监会与最高人民法院联合发布《关于在全国部分地区开展证券期货纠纷多元化解机制试点工作的通知》。2018年11月，又联合发布了《关于全面推进证券期货纠纷多元化解机制建设的意见》，对联合开展全国范围内证券期货纠纷多元化解工作作出了指导。这两个文件的发布，标志着我国资本市场多元化纠纷解决机制的正式建立。

纠纷多元化机制建设是一个不断实践、持续创新的过程，新形势下的纠纷多元化解工作更需要坚持创新。为切实推进“互联网+”金融纠纷多元化调解机制建设，中证资本市场法律服务中心湖北调解工作站（以下简称湖北调解工作站）自2017年7月成立起，结合辖区矛盾集中突出的纠纷痛点和疫区特点探索创新调解模式，积极创新调解思路和工作方法，探索建立“可共情+可视化+可共赢”高效调解模式，有效提高纠纷调解工作质效。2022年4月，调解工作站利用该工作模式成功通过线上调解某证券营业部与投资者李某的理财产品业务纠纷，获得较好工作效果，证券营业部和投资者达成共赢。我们通过深入解析纠纷调解案例，为类似金融纠纷调解提供借鉴。

---

* 中证资本市场法律服务中心湖北调解工作站公益调解员。

** 长江证券股份有限公司风险管理部。

二、案例简介

(一)基本情况

投资者李某于2014年1月在某证券公司营业部开立了证券账户,账户闲置资金余额×元,于2021年11月转账时发现无法支取。李某向证券公司了解到其账户签约了"A集合计划",其账户的闲置资金已进行了为期8个月的夜间理财。李某认为,证券公司为其开通"A集合计划"未经其同意,且未提供有效书面合同,签约产生了管理费、超额报酬等,费用损失约9万元。其向证券公司索赔多次未果。由于李某于2021年12月8日向中国证监会"12386"热线投诉,并向有关部门多次投诉但均无果,遂于2022年1月向湖北调解工作站申请调解,其主要诉求为证券公司赔偿其9万元。

(二)矛盾焦点

经过对双方的陈述和收集的材料进行分析,本纠纷主要围绕以下3个争议焦点展开:

1. 双方对是否由本人开通并签订"A集合计划"合约有争议。李某认为,自己并未自主开通"A集合计划"合约,且证券公司无法提供纸质合同,由此造成的损失证券公司应该进行赔偿;证券公司则认为,李某的"A集合计划"签约是其使用客户端App自助完成,由于开通业务时是通过线上进行电子签约,因此并无纸质合同,证券公司系统留存有签约流水。

2. 双方对产品费用收取规则理解存在差异,造成损失计算差异较大。李某认为,自己的账户在参与产品期间被收取了产品管理费、托管费等税费共计9万元;证券公司则认为,产品费用是根据产品合同的约定收取,是管理人为委托人管理、运作产品收取的合理费用,经测算仅为500元左右,因此李某的诉求不合理。

3. 对于责任认定的差异导致双方存在较大到心理落差。证券公司认为,公司业务办理和产品运营合法合规,不存在过错。投资者则认为,证券公司在本次纠纷中应负全责,经多途径寻求解决仍无果后,其对证券公司及其工作人员积存了大量的不满情绪。

（三）调解过程及结果

湖北调解工作站受理该纠纷后，第一时间与双方当事人沟通，并了解到以下情况：

一是证券公司系统留存有李某的电子签名约定书、通过电子签约开通“A集合计划”的流水信息，但李某对此并不认可。李某认为需要有其签名的纸质合同或带有其姓名的电子合同，而证券公司反馈因多年前电子技术限制的原因，无法提供电子合同。二是“A集合计划”为券商常见的夜间理财产品，根据公告，2021年第四季度七日年化收益率均值为1.86%，产品合同明确约定了管理费、托管费等税费及超额业绩报酬收取标准。而李某认为，其对每日进行理财的资产进行累加后，乘以产品费用，计算得出产品费用为9万元。三是2015年1月，李某暂停了“A集合计划”，暂停期限为5年，但并没有解约，因此账户应于2020年1月重新自动参与“A集合计划”。但2019年，证券公司将金融产品的信息进行了系统迁移，而当时李某签约的“A集合计划”正值暂停期。直到2021年3月，系统才解决这一技术问题，使李某的账户恢复参与“A集合计划”。

了解以上情况后，调解员将调解重心放在说服李某降低诉求上，并积极采取以下行动。

1. 安抚情绪。李某因此事长期与证券公司沟通未达到预期效果，2021年12月起向“12386”、当地证监局、市长热线等累计投诉共10次，李某情绪十分激动，并表示因此事导致生气住院。调解员稳定李某情绪，耐心倾听李某对该事件的描述和诉求，并表达共情。

2. 梳理问题清单。经过调解员与李某耐心沟通，李某陆续提出“A集合计划”签约不合规、费用收取不合理、电子对账单未送达、合同变更未经中国证监会审批、银行对账单显示有误以及投资顾问服务费用收取不当、账户风险测评过期致使账户无法登录等11个问题，要求就上述问题分别进行调解。调解员聚焦重点问题排列优先等级，引导双方围绕“理财产品签约及费用收取”这一焦点问题展开沟通，及时对偏离调解核心问题的沟通进行纠正。

3. 协商解决方案。调解员先与双方分别进行“背对背”调解。调解员依据相关法律法规和行业通行现状向李某指出，其认为证券公司擅自代其开通“A集合计划”的证据不足，并向李某展示了其他证券公司的类似产品，耐心解释“A集合计划”的运行逻辑、税费收取标准和计算方式，让李某意识到自己对纠纷的认知存在一定的偏差。其间，李某坚持己见，认为证券公司存在诸多违规问题，调解工作一度陷入僵局。调解员秉持公心，专业、耐心地与李某进行了长达 2 个月的反复沟通。此外，调解员与证券公司进行沟通，希望证券公司基于其系统迁移、合同变更等给李某造成的困扰，提高安抚金的额度。经过对补偿金额的多轮调解协商，李某接受了证券公司的安抚方案，并承诺不再向证券公司提起任何相关权利主张。通过三方在线视频调解，双方签署了调解协议，纠纷得到了妥善解决。

三、案例评析

在调解前，双方矛盾已积累激化。投资者因数次投诉未果情绪较为激动，给自己的生理和心理健康带来负面影响，同时也影响证券公司的正常经营。调解员在调解中注重共情倾听和情绪安抚，让投资者把自己心中的愤懑和所有的疑问都说完，让投资者的消极情绪得到宣泄和释放，使心理疏导和纠纷调解得以顺利进行。

本次纠纷争议主要由集合计划签约电子合同引起，客户单方面不认可电子合同的法律效力。根据《中华人民共和国电子签名法》关于电子签名的规定，电子签名是指数据电文中以电子形式所含、所附用于识别签名人身份并表明签名人认可其中内容的数据。当事人约定使用电子签名、数据电文的文书，不得仅因为其采用电子签名、数据电文的形式而否定其法律效力。

在新业务开展初期，证券公司各业务环节的留痕工作有待进一步完善。证券公司在系统升级和对外显示变更时，未能及时通知投资者并进行详细解释，产生了“理财产品暂停时限到期，账户未自行恢复参与理财”“银行对账单中账户信息发生变更，工作人员无法解释相关情况”等问题。证券公司内部系统需留痕，并提供让投资者清晰可见、便于保存的纸质、电子凭证。

调解员在调解中运用调解技巧，引导双方趋利避害。调解员挖掘立场背后的利益，帮助证券公司认识到其在系统迁移、解释沟通方面存在一定的不足，其真正的诉求在于快速解决纠纷，尽快恢复正常的经营秩序。对于投资者来说，调解员向其进行了诉讼风险分析，引导投资者考虑诉讼获胜的可能性、赔偿的可能性、败诉的可能性、律师费的金额、时间成本等，并反复强调调解只能进行一次，不再重复受理,促使其权衡利弊通过调解解决纠纷,降低不合理预期。

双方对损失计算存在认知偏差。投资者李某由于先入为主的理财产品费率计算公式,坚持要求9万元的赔偿,与证券公司安抚性礼品补偿方案差距巨大。调解员通过开放式提问,积极引导双方交换关于补偿金额的意见,并及时进行传导沟通,相互影响,使双方的预期数额趋近。

四、案例启示和思考

调解过程和调解结果令纠纷当事人满意是调解取得社会公信力的重点,湖北调解工作站从“可共情、可视化和可共赢”4个方面提高调解工作质效。

(一)可共情

调解员以“可共情”指导调解工作开展,通过耐心、自信心、责任心和公正心取得当事人的信任。做好调解工作,主要体现在“四心”:

一是以耐心赢得信任。调解员面对烦琐的沟通、反复的衔接工作必须具有足够的耐心,对双方不断出现的反复甚至出尔反尔有足够的心理准备。此案经过3个多月的反复沟通,调解员在其中做了大量的调解工作。调解员耐心倾听赢信任,心理疏导促理性,最终成功调解结案,倾注了辛勤的劳动和丰富的调解智慧。让当事人完全倾诉内心的痛苦和抗辩理由增强了当事人对调解员的信任度。调解员在调解过程中尊重并鼓励双方合理地释放愤懑情绪,以获得心理平衡,最终促成其理性解决问题。

二是以诚心换位思考。调解员通过与当事人反复沟通,设身处地替各方考虑,以自己的真诚使调解各方相互信任,为各方寻找一个最佳的平衡点而不懈努力。面对投资者过高的诉求预期,调解员客观地为投资者分析其投资行为的合规性,引导投资者换位思考,并向其灌输买者自负的投资理念,使投资者逐渐认识到其作为投资人应当承担的责任,逐渐降低诉求预期。

三是以公心赢得公信力。开展证券期货纠纷调解必须公平公正,不因私偏袒,不因当事各方的身份、地位、亲疏而偏离应有的公正之心。调解工作的出发点始终是保护投资者的合法权益。调解员在仔细倾听当事双方陈述和辩解的基础上,做好全面调查了解和分析评估,以事实为依据,对双方晓之以理动之以情,做好疏导劝解工作,准确把握调解双方的心理,灵活运用调解语言技巧,采取适当的调解形式,灵活机动、多措并举,提高调解的成功率。

四是以责任心保持专业自信。证券期货纠纷调解工作具有工作量大、涉及面广的特点,调解员应对自身的专业能力、调解技巧有充分的自信。调解员同时肩负着历史责任、社会责任和行业责任,在遇到调解的“瓶颈”及“死结”时,应不气馁、不放弃,及时查找资料、请教专家,坚持不懈地寻求最佳解决方案。

(二)可视化

1.“互联网+纠纷调解平台”可视化

调解工作站利用“互联网+”优势,整合纠纷调解平台,建立完善调解平台数据库,构建完善的证券期货纠纷排查预警机制,对纠纷分类、分级处理,防止矛盾纠纷积累、激化,把矛盾冲突化解在萌芽中。在线调解平台建设方面,调解工作站及时完善网站证券期货纠纷调解专区,公开协会网站调解信息,通过网络向社会公众发布证券期货纠纷调解规则、调解工作相关资料、调解员名册、调解工作动向、工作程序等信息资料,方便投资者使用调解平台。调解工作站将中证资本市场法律服务中心、“12386”投资者热线和相关自律组织转来的纠纷案件,通过调解平台登记、受理、派发,加大律师调解员、行业专家调解员的调解参与率,提高了调解工作效率。完善证券纠纷调解专区交流平台,建立证券纠纷调解意见反馈渠道,既便于各方共享法规、信息、案例等资源,提升调解效率,又利于听取市场主体对调解工作的意见、建议,促进调解工作方式完善。

2.调解电子流程和档案可视化

建立包含纠纷调解流程、调解材料和调解员信息的可视化调解电子档案,调解档案资料在参与调解的调解员间共享可视。开展在线委托或委派调解、调解协议在线司法确认,通过在线接受相关申请、远程审查和确认、电子督促、电子送达等方法方便当事人参与纠纷化解工作,提高工作质效。

3.远程调解视频可视化

针对疫情防控的特殊背景,采用线上视频的方式,远程调解纠纷,见证调解协议的签署,取得较好的调解效果。

4.投教和投保宣导可视化

调解工作站和证券期货经营机构对投资者教育和投资者保护宣导可视化。通过线上App、投资者教育专栏进一步加强投资者适当性管理，做好适当性教育，同时做好投资保护宣导，引导投资者理性选择调解方式解决纠纷，柔性化解资本市场矛盾。

（三）可共赢

在科技赋能、智慧转型的监管环境下，主动寻找投资服务纠纷各方共同利益，构建可共享的金融监管体系，构建多元、统一的金融服务平台。

1. 寻找各方共同利益

寻找各方利益平衡点，促进形成共识，达成调解协议。调解的目的是避免立场之争，调解员需要从当事人潜在需求和利益的角度，而不是在严格的法律角度与纠纷双方沟通。调解员通过提出相关问题，归纳当事人观点，挖掘当事人主张背后的利益，帮助当事人分析解决方案以寻找利益平衡点。面对弱势群体、困难群众更加注重方式方法，切实解决群众困难，体现“为民调解”，践行资本市场人民性，实现良好的社会效果。

2. 共同稳定金融市场

探索金融纠纷多元化解有效机制，不断深化“公平、专业、高效、便民”的金融纠纷化解工作理念，有效解决金融纠纷，强健经济血脉。进一步完善金融纠纷调解模式，为群众提供多途径、多层次、多种类的金融纠纷解决渠道。通过调解方式解决金融纠纷，有效润滑金融机构与投资者的关系，促进地方金融体系稳定、健康运行。

3. 构建共享智慧金融监管平台

构建可共享的金融监管体系和智慧金融监管平台，提升金融纠纷调解信息化水平。比如，建立完善金融纠纷典型案例库、金融投诉数据库，金融信息共享平台，便于各方共享法规、信息、案例等资源，尽量对类型化纠纷统一调解标准和处理意见，充分发挥智慧金融建设对金融纠纷多元化解的积极作用。

4. 构建多元统一的金融服务平台

以证券期货经营机构App平台为载体，构建多元统一的金融服务平台。从金融产品到金融信息披露、说明义务、客户适当性管理、客户纠纷调解等构建多维度客户服务体系，比如将客户纠纷调解功能植入App平台。

投资者保护工作是证券监管部门的“核心工程”，也是全社会的“系统工程”，需要市场各方和社会各界的共同努力和参与,将投资者教育和保护工作做深、做细、做实。调解工作站将不断加强与地方法院、投资者保护机构的沟通协作,通过强化合作、丰富方式、推进实践、提升服务等措施,为投资者提供多元、便捷、高效的纠纷调解途径,共同营造资本市场良好生态。

案例2　金融机构违反适当性义务的民事责任解读

严日强*　袁　婧**　冯隆尧***

适当性管理制度是金融市场的一项基础性制度,已逐步成为投资者保护制度体系的逻辑起点,也是金融市场法治建设不可或缺的重要方面。金融机构未适当履行适当性义务,不仅将招致行政责任还可能会承担民事赔偿责任。尤其是"王某诉建行恩济支行""中行原油宝"事件后,金融机构违反适当性义务所需承担的民事责任成为业内乃至全社会关注的焦点。讲清金融机构违反适当性义务所需承担民事责任的性质、范围,不仅是适当性管理的应有之义,也能为适当性纠纷调解提供理论依据。本文结合杨某与某银行某分行财产损害赔偿纠纷一案对金融产品机构违反适当性义务的民事责任进行解读。

一、案件基本事实

原告杨某先后3次在被告某银行某分行处购买理财产品。在向法院起诉之前已将产品全部赎回,其中和聚X号、平安结构产生本金亏损,星石X号浮盈。产品具体的购买、赎回情况如表2-2-1所示。

* 广发证券运营管理部。
** 广发证券运营管理部。
*** 广发证券运营管理部。

表 2－2－1　产品购买、赎回情况

产品名称	购买时间	赎回时间	赎回金额(元)	亏损金额(元)
和聚 X 号	2015 年 5 月 15 日 11 时	2019 年 5 月 31 日	820,040.08	199,959.92
星石 X 号	2015 年 6 月 11 日	2019 年 12 月 20 日	1,027,741.52	无损失
平安结构	2015 年 6 月 19 日	2016 年 6 月 24 日	450,000	50,000

原告杨某在被告某银行某分行处进行了 3 次风险测评。2015 年 5 月 11 日的测评结果为平衡型,最高可购买中风险产品;2015 年 5 月 15 日的测评结果为成长型,最高可购买中高风险产品;2016 年 8 月 14 日的测评结果为稳健型,最高可购买中低风险产品。原告的风险测评时点与产品购买时点分布如图 2－2－1 所示:

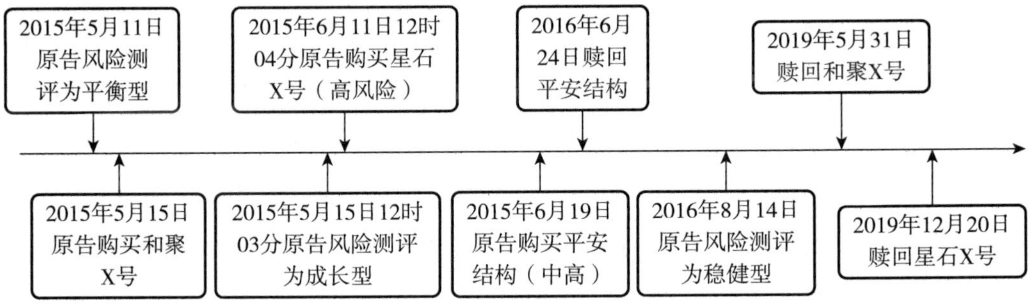

图 2－2－1　原告的风险测评时点与产品购买时点分布

后杨某因产品亏损,便以某银行某分行违反适当性义务及风险告知义务造成其遭受重大损失为由诉至法院。法院经过两审,以被告某银行某分行未提供由投资者签名且载明客户风险评估等级的风险测评证据、推介不适当产品、风险揭示不充分、未揭示特定产品的特定风险等为由,认定被告某银行某分行未履行适当性义务,需对原告杨某的本金及利息损失承担 65% 的责任。

二、案件争议焦点

(一)被告是否履行了适当性行义务,向原告推介了适当的产品

关于被告是否履行适当性义务,法院主要论述原告的风险测评结果、产品风险等级以及被告是否将适当产品推介给原告。对于原告风险测评结果的运用,因原被告双方对第 1、3 次投资者风险测评结果并无异议,故二审法院重点论证原告在

2015年5月15日是否进行了第2次风险测评。原告主张该测评系被告工作人员为销售产品私自在柜台操作完成,其并不知晓该次风险测评。被告提供《风险揭示书》、操作记录和《客户风险承受能力调查表》,主张该次风险测评为原告自行操作。

二审法院首先明确适当性义务为卖方机构的法定义务,在发生相关纠纷时,应当由卖方机构承担是否履行适当性义务的举证责任,并据此承担举证不能的不利后果。二审法院认为:(1)2015年5月15日测评使用的《风险承受能力调查表》与前次用于风险测评的《客户风险承受度评估报告》制式不同、内容不同;(2)《风险承受能力调查表》未对原告的风险偏好类型做勾选,且无原告签字;(3)原告签字所在页面并无风险测评内容,无法据此确认原告进行了风险测评;(4)被告对客户的风险评估有效期为1年,原告在4天前做过风险测评后再做测评的意义和必要性不大;(5)被告没有提供由原告签名且记载有风险评估等级的风险评估资料。据此,二审法院认为被告未提供原告2015年5月15日进行第二次风险测评的有效证据,不能认定原告当日进行了风险测评。原告的风险测评结果应以2015年5月11日的测评为准。该次风险测评结果为平衡型,原告最高可购买中风险产品。

其次,二审法院认为,卖方机构的适当性义务除需对投资者进行风险测评之外,还需按照外规要求对拟销售的产品划分风险等级,并提供相关证据证明产品风险等级划分情况。本案中,原告、被告双方对和聚X号、星石X号的风险等级存在争议,应当由被告提供证据证明产品风险等级的划分情况。就和聚X号的风险等级,二审法院认为,被告提供的《产品发行通知》与《客户风险承受能力调查表》所载的产品风险等级并不一致,不予采纳。原告提供的《客户风险承受能力调查表(高风险)》与产品管理人提供的和聚X号风险等级相印证,故法院认定和聚X号为高风险产品。就星石X号的风险等级,被告提供的《产品发行通知》载明星石X号为中高风险产品,《客户风险承受能力调查表》载明其为高风险产品,两份证据互相矛盾,二审法院未予采纳。而且被告曾自认该产品为高风险产品,故法院认定星石X号为高风险产品。综上,被告在明知原告风险等级为平衡型,最高可购买中风险产品的情况下,向原告推介高风险的和聚X号、星石X号,未履行适当性义务,对原告遭受损失具有过错,应承担赔偿责任。

(二)被告违反适当性义务应承担的责任范围、责任比例

在案件审理过程中,原告、被告双方对原告损失的本金数额没有争议但对原告

的利息损失是否计入损失赔偿范围、数额应如何确定存在较大争议。原告主张被告应赔偿原告的实际损失,包括本金损失和利息损失。利息损失系案涉理财资金被不当占用产生的损失,除损失本金自购买至被告实际履行期间的占用利息之外,还包括赎回本金自购买至赎回期间的占用利息。被告辩称,其在产品销售过程中已全面履行适当性义务,不应赔偿原告本金损失及利息损失。二审参照《最高人民法院关于审理证券市场因虚假陈述引发的民事赔偿案件的若干规定》(现已废止)第30条规定——投资人实际损失所涉资金利息,自买入至卖出证券日或基准日按照银行同期活期存款利率计算,支持原告要求被告赔偿其产品购买本金自产品购买日至产品赎回日利息损失的请求。[①] 故本案中被告需承担的利息损失范围即为原告赎回本金自产品购买日至产品赎回日的利息、产品损失本金自产品赎回日至被告实际履行之日的利息。

对于原告、被告双方的责任承担比例问题,原告基于其虽有投资经验但并不具备基金、结构理财产品的投资经验等原因认为其本金及利息损失均为被告的不当推介行为导致,其自身对上述损失的发生并无过错,不应减轻被告的责任,应由被告承担全部责任。被告认为,其并不存在不适当推介,不应承担原告本金及利息损失。二审法院认为,原告具备相关的投资理财经验,对基金等理财产品的类型、风险应具备一定认知,对自己的投资行为应承担相应注意义务。但其“仅按工作人员要求签名、未阅读风险揭示书等产品文件”,故其对本案损失发生具有一定过错。二审法院综合考量被告在推介产品时的过错以及原告自身过失等因素,酌定本案损失由被告承担65%,原告承担35%。

三、金融机构违反适当性义务民事责任的特性

随着金融机构财富管理转型,券商资管计划、证券投资基金、银行理财产品、信托计划等各类金融产品琳琅满目,在不断满足居民日益增长的投资性需求的同时,也出现了大量以金融机构违反适当性义务为由要求赔偿投资损失的投诉、调解及

① 《全国民商事审判工作会议纪要》第77条规定,卖方机构未尽适当性义务导致金融消费者损失的,应赔偿金融消费者所受的实际损失。实际损失为损失的本金和利息,利息按照中国人民银行发布的同期同类存款基准利率计算。

诉讼纠纷。准确定位金融机构是否违反适当性义务、应承担何种性质的民事责任、如何划定责任范围边界成为定分止争的关键。

(一)适当性义务的内涵

判断投诉是否为有理投诉,首先需要解决的问题便是金融机构是否违反了适当性义务,即金融机构所承担的适当性义务的内涵。适当性义务系平衡金融交易双方交易地位不平等、信息不对称的制度安排。[①] 本文主要依据《中华人民共和国证券法》、《关于规范金融机构资产管理业务的指导意见》以及《全国法院民商事审判工作会议纪要》确定适当性义务的内涵,即金融机构适当性义务主要包括了解客户、了解产品、风险匹配以及风险揭示与告知。

1. 了解客户。上述规定均明确金融机构应了解客户的具体信息,包括投资者的基本情况、财产状况、金融资产状况、投资知识和经验、专业能力等相关信息。《证券期货投资者适当性管理办法》第6条进一步细化金融机构应了解的客户信息种类。[②] 实践中,各金融机构多依靠风险测评问卷了解客户上述基本信息,并依据风险测评问卷结果综合评定投资者的风险等级。

2. 了解产品。金融机构了解产品的义务主要包含两个方面要求。其一,金融机构及其产品销售人员应全面了解其发行、销售产品的类型、特性等状况或所提供服务的信息。其二,金融机构应根据产品的特性划分产品风险等级。[③] 同时,需要注意的是,基金销售机构向投资人推介基金产品时,所依据的基金产品风险等级评价结果不得低于基金管理人做出的风险等级评价结果。

3. 风险匹配。在了解投资者风险承受能力,评定产品或者服务风险等级后,金

---

① 鉴于我国金融行业分业监管的现实,实务上对金融机构适当性义务的内涵并无统一的规定。理论上对适当性义务的内涵也相当有争议。2019年《中华人民共和国证券法》对证券公司的适当性义务予以了原则性要求,但目前我国针对金融机构的适当性义务要求仍主要散见于部门规章、规范性文件、自律规范等。

② 《证券期货投资者适当性管理办法》第6条规定:"经营机构向投资者销售产品或者提供服务时,应当了解投资者的下列信息:(一)自然人的姓名、住址、职业、年龄、联系方式,法人或者其他组织的名称、注册地址、办公地址、性质、资质及经营范围等基本信息;(二)收入来源和数额、资产、债务等财务状况;(三)投资相关的学习、工作经历及投资经验;(四)投资期限、品种、期望收益等投资目标;(五)风险偏好及可承受的损失;(六)诚信记录;(七)实际控制投资者的自然人和交易的实际受益人;(八)法律法规、自律规则规定的投资者准入要求相关信息;(九)其他必要信息。"

③ 《证券期货投资者适当性管理办法》第16条规定:"划分产品或者服务风险等级时应当综合考虑以下因素:(一)流动性;(二)到期时限;(三)杠杆情况;(四)结构复杂性;(五)投资单位产品或者相关服务的最低金额;(六)投资方向和投资范围;(七)募集方式;(八)发行人等相关主体的信用状况;(九)同类产品或者服务过往业绩;(十)其他因素。涉及投资组合的产品或者服务,应当按照产品或者服务整体风险等级进行评估。"

融机构可向投资者推介、销售与其风险承受能力匹配的产品或服务,将适当的产品、服务销售、提供给适合的投资者,禁止金融机构向投资者主动推介、销售不匹配的产品或服务。《证券期货投资者适当性管理办法》第19条例外规定了在对非风险承受最低等级投资者进行特别风险揭示后,可向其提供或销售不匹配的服务、产品。

4. 风险揭示与告知。金融机构履行前3项义务之后,便进入产品销售或服务提供阶段。此时,金融机构或销售人员应当以产品风险为基础,具体结合一般理性人的客观标准,并考虑特定投资者能够理解的主观标准,客观、全面、准确揭示产品的一般风险和特殊风险。具体而言,客观上业务人员需向投资者提供产品合同、招募说明书、权益须知及风险揭示书等全套产品文件,并要求投资者按规定阅读、签署上述文件。同时,业务人员主观上也应具体考虑特定投资者的职业、教育经历、金融知识等要素。若该投资者缺乏相应的投资经验或金融知识,销售人员则应在客观标准的基础上,采用更加详细、通俗的语言清晰准确地向该投资者揭示产品风险。

(二)违反适当性义务民事责任的属性

不同民事责任类型所保护的范围不同,在基本理念、构成要件、义务来源、法律适用依据等方面都存在差异。[①] 故为明确违反适当性义务的民事责任,就必须确定适当性义务的法律性质,即销售机构承担的适当性义务为何种性质的义务。

相关法律法规、部门规章等多要求金融机构需进行适当性管理,但均未涉及适当性义务为何种性质法律义务。理论界对适当性义务的法律性质也存在法定义务、先合同义务等争议。先合同义务调整的是由陌生关系进入特殊信赖关系的合同当事人在合同磋商阶段的权利义务关系。因进入该特殊信赖关系的当事人将基于对对方的信赖而作出自我利益的调整,为了使当事人都极为审慎地缔约,法律对其课以更高的注意义务。当事人仅停留于“不侵权”的不作为状态并不足够,而需承担积极的作为义务,即缔约方之间应当互相协助、互通情况、保护对方。[②] 在这个信用不断加强的过程中产生的信赖利益值得法律保护,以确保当事人间的合同能

① 参见彭思远、董晓青:《金融机构违反适当性义务民事责任研究》,载《天府新论》2021年第6期。

② 参见最高人民法院民事审判第二庭编著:《〈全国法院民商事审判工作会议纪要〉理解与适用》,人民法院出版社2019年版,第414页。

顺利达成。即先合同义务是诚实信用原则的具体化。从前述适当性义务内容来看,金融机构的适当性义务主要是调整投资者与金融机构在合同磋商阶段的权利义务关系。为消弭投资者与金融机构间交易地位及信息差距,金融机构应基于诚实信用原则对投资者予以特殊照顾及注意,使处于弱势地位的投资者完全基于自身判断而缔结合约。就此,我们认为适当性义务在法律性质上应为先合同义务,而非法定义务。①

义务的违反招致责任的承担,金融机构违反适当性义务应当承担相应的民事责任。如前所述,适当性义务为先合同义务,按照一般民法原理,当事人违反先合同义务应当承担缔约过失责任。设立缔约过失责任是为了保护进入缔约过程当事人间形成的特殊信赖利益,即当事人对义务人基于诚实信用原则真实、准确、完整披露合同缔结的相关信息的信赖而产生自我状态的变更。如义务人未履行先合同义务,则当事人基于特殊信赖而产生的自我状态变更便付之东流。此时,法律要求义务人对当事人的“自我状态变更损失”予以填补,使之恢复到当事人缔结合约之前的状态。义务人对该种信赖利益的填补应仅限于当事人的直接损失而不包括履行利益等间接损失。②

(三)违反适当性义务的民事责任范围

按照前述对金融机构适当性义务为先合同义务及违反适当性义务应承担缔约过失的民事责任定性,未履行适当性义务的金融机构应当承担投资者的本金损失与本金被占用所导致的损失。具体而言,《全国法院民商事审判工作会议纪要》第77条第2款对未履行适当性义务的金融机构应承担民事责任予以规定,即根据金融机构是否存在欺诈而差异化配置了金融机构所应承担的损失赔偿责任中的“利息损失”。③

① 理论上认为,适当性义务为法定义务的重要原因系部分适当性义务内容被明文规定于法律法规、部门规章及规范性文件中,但该种形式上的改变并不妨碍实质上适当性义务为先合同义务的定位,且该理论定性与《全国法院民商事审判工作会议纪要》逻辑保持了一致。

② 在纠纷调解、司法诉讼法中存在部分投资者要求相关金融机构赔偿其履行利益等直接损失。该种主张实际上扩大了金融机构违反适当性义务民事责任范围,不当扩大了金融机构的注意义务,妨害了正常的交易秩序。

③ 卖方机构未尽适当性义务导致金融消费者损失的,应赔偿金融消费者损失的本金和利息。在本案中,一审、二审法院均支持了投资者的本金损失赔偿请求。

1. 金融机构不存在欺诈时,利息的计算标准为同期同类存款基准利率

按照《全国法院民商事审判工作会议纪要》第 77 条规定,金融机构未尽适当性义务导致金融消费者损失的,应当赔偿金融消费者所受的实际损失。实际损失为损失的本金和利息,利息按照中国人民银行发布的同期同类存款基准利率计算。本金损失金额即投资者产品购买金额与赎回金额之差。如投资者未赎回产品,则应以产品净值亏损幅度确定本金损失额度。

关于利息计算,《全国法院民商事审判工作会议纪要》第 77 条仅明确利息计算的利率,但对利息计算本金及期间并未明确。该部分内容需借助金融机构违反适当性义务民事责任的目的予以续造。对违反适当性义务的金融机构科以赔偿责任的目的在于使投资者恢复到缔约前的经济状态。使本金恢复到缔约前的状态,即损失范围包含本金损失是违反适当性义务民事责任的应有之义。同时,应当看到投资者的本金因金融机构违反适当性义务而被不当占用,对于相关资金的占用成本也应当予以评价。故对利息计算而言,只要资金被占用均应计算利息损失,包括赎回本金自购买日至赎回日的利息、损失本金自购买日至实际支付日的利息。

2. 销售机构存在欺诈时,可例外地采用预期收益率等损失计算标准

根据《全国法院民商事审判工作会议纪要》第 77 条第 2 款,金融机构在适当性义务履行过程中存在欺诈行为的,可例外地将产品合同文本、产品发行宣传资料中的预期收益率、业绩比较基准或类似约定作为投资者利息损失的计算标准。[①] 故司法机关在金融机构存在欺诈行为时,允许投资者主张更高的利息损害赔偿。

需予以说明的是,该种"较高"的利息损害赔偿标准并不是《中华人民共和国消费者权益保护法》中的惩罚性赔偿。因金融消费并不属于《中华人民共和国消费者权益保护法》第 2 条的调整范围,故即便金融机构存在欺诈行为,投资者也不能以

---

① 卖方机构的行为构成欺诈的,对于金融消费者提出赔偿其支付金钱总额的利息损失请求,应当注意区分不同情况进行处理:(1)金融产品的合同文本中载明了预期收益率、业绩比较基准或者类似约定的,可以将其作为计算利息损失的标准;(2)合同文本以浮动区间的方式对预期收益率或者业绩比较基准等进行约定,金融消费者请求按照约定的上限作为利息损失计算标准的,人民法院依法予以支持;(3)合同文本虽然没有关于预期收益率、业绩比较基准或者类似约定,但金融消费者能够提供证据证明产品发行的广告宣传资料中载明了预期收益率、业绩比较基准或者类似表述的,应当将宣传资料作为合同文本的组成部分;(4)合同文本及广告宣传资料中未载明预期收益率、业绩比较基准或者类似表述的,按照全国银行间同业拆借中心公布的贷款市场报价利率计算。

《中华人民共和国消费者权益保护法》第55条的规定,要求增加3倍赔偿。[①] 允许投资者主张更高的利息损害赔偿标准是因为此时金融机构在主观上为故意,相较一般过失具有更大的恶意,可苛责性更高,更高的利息损害赔偿标准可以体现罚过相当的原则。

四、余论

在杨某与某银行某分行财产损害赔偿纠纷案中,法院认定被告未履行适当性义务的一个重要因素是被告未能提供原告在2015年5月15日进行第二次风险测评的证据,进而认定被告向杨某推荐了不匹配产品而应承担违反适当性义务的民事责任。二审法院综合了测评文件缺陷、被告测评证据不足而否定了相关风险测评结果。司法机关并未仅因风险测评的时间先后顺序而否认在后风险测评的效力,而是因金融机构未能提供充分证据证明风险测评系投资者主动要求并自主完成而否定测评效力。该司法裁判逻辑并未对风险测评提出新要求,而是对金融机构需承担履行适当性义务证明责任的重申。这使我们确信履行包含风险测评在内的适当性义务是金融市场运行的基础性要求。相关金融机构只有严格按照内外规的要求,准确、全面地了解客户、了解产品,向适当的客户推介适当的产品,并进行充分的风险揭示与告知,方可行稳致远。

① 《中华人民共和国消费者权益保护法》第55条规定:"经营者提供商品或者服务有欺诈行为的,应当按照消费者的要求增加赔偿其受到的损失,增加赔偿的金额为消费者购买商品的价款或者接受服务的费用的三倍;增加赔偿的金额不足五百元的,为五百元。法律另有规定的,依照其规定。"

Cases
Review of
Dispute
Mediation

第三篇

上市公司专题

案例1　进退有度，投资“围城”如何解？

——关于退市常态化下的纠纷调解案例分析

吴育婷*

随着证券市场全面实行股票发行注册制的不断推进，常态化退市机制正逐步形成，“应退尽退”的理念逐渐得到认可，有进有出、优胜劣汰的市场新生态正逐步形成。常态化的退市制度是注册制实施的重要配套制度，对国内资本市场的健康发展具有重大意义。

一、常态化退市下的市场现状

Wind数据显示，1999～2020年A股退市仅80余家，平均每年退市不到4家；随着退市新规落地实施，2020～2021年，A股强制退市公司的数量分别为16家和20家；截至2022年7月，退市公司已超40家，创历史新高。可以说，常态化退市时代已经到来。

为了适应注册制改革和常态化退市的要求，顺畅退市公司进入退市板块挂牌转让，完善退市公司管理，落实《关于完善上市公司退市后监管工作的指导意见》，2022年4月29日，上海证券交易所、深圳证券交易所、北京证券交易所、全国中小企业股份转让系统有限责任公司和中国证券登记结算有限责任公司联合发布了《关于退市公司进入退市板块挂牌转让的实施办法》（以下简称《退市板块挂牌转让实施办法》）。尽管顶层设计不断优化升级，但是随着企业退市率的逐渐增高，公司

* 长城国瑞证券有限公司厦门厦禾路营业部。

终止上市后的估值以及对应的偿付能力大幅下降,投资者顺利追回损失遥遥无期、退市公司财务造假和信息造假时有发生、退市公司配合度不高、确权程序复杂等一系列退市企业引发的问题尚待解决。

二、退市企业案例分析

退市企业迟迟未发布确权公告引发客户不满的事件在常态化退市时代下不再是个例,而是日趋普遍的维权现象。退市不是一退了之,为保护中小投资者的利益如何加强事前预防,提高纠纷化解能力显得尤为迫切。

(一)事件还原

2022 年 7 月 1 日,营业部客户陈先生向我部工作人员提出协助处理长城退确权事项。陈先生于 2020 年 7 月 13 日买入 * ST 长城(长城影视股份有限公司,证券代码 002071. SZ)10 万股,成交均价为 1. 835 元/股。后续,因连续 20 个交易日(2020 年 12 月 31 日至 2021 年 1 月 28 日)的每日股票收盘价均低于 1 元,触及股票终止上市情形,长城退于 2021 年 3 月 22 日进入退市整理期,截至 2021 年 5 月 6 日已满 30 个交易日。退市整理期届满后次一交易日,长城退在 2021 年 5 月 7 日被深圳证券交易所摘牌。长城退最后一个交易日收盘,股价定格于 0. 31 元/股。

公司股票公告终止上市后,根据《退市板块挂牌转让实施办法》,公司应当在股票被终止上市后及时做好相关工作,以确保公司股份在摘牌后 45 个交易日内可以进入全国中小企业股份转让系统进行股份转让。《退市板块挂牌转让实施办法》明确主板券商在接收原市场数据至完成退市板块登记业务期间,负责退市公司股份的确权和登记。凡应由退市公司办理而未办理的事项,原则上均由主办券商代为办理。退市公司未在规定期限内聘请主办券商的,由最近一次担任公司保荐机构、财务顾问的证券公司作为主办券商。长城退从终止上市至今已一年多,远超 45 个交易日,却始终未对外发布确权公告,网上也查询不到长城退的主办券商信息,陈先生对于长城退能否确权充满担忧,于是向营业部寻求帮助。陈先生表示,从买入至今已亏损 15 万元,若无法确权将血本无归。我部工作人员多次拨打长城影视股份有限公司于 2021 年 5 月 6 日发布的《关于公司股票终止上市并摘牌的公告》中的联系电话,电话始终无人接听。我部工作人员向陈先生表示营业部将密切关注长城退确权公告,继续拨打公告上的联系电话,并寻找其他联系方式,如果有消息将第一时间反馈,也希望陈先生自己能多关注。陈先生主观认定此类业务必须由开户券商负责处理,因此不满意我部反馈结果,要求我部要对此事负责。

(二)调解过程解析

陈先生虽未就此事进行投诉,但为了提高服务质量与客户满意度,及时化解可能存在的风险隐患及与客户之间的矛盾,维护投资者基本权益,营业部高度重视此事,由营业部负责人牵头,成立了内部专项处理小组,由负责人出面调解,主动联系客户,对接相关情况。陈先生投诉的主要原因是担心公司退市后不能顺利转板交易,导致损失进一步扩大;买入前抱有捡便宜的博弈心理,寄希望于退市后能重新上市。营业部通过公司总部在行业内了解到,东吴证券接替原主办券商,负责长城退的确权事宜,后续将会发布确权通知。

营业部负责人向陈先生就上市公司退市流程进行了解释和梳理,并表示将始终以客户满意为宗旨,不遗余力地为客户跟进确权进度,确保在确权公告发布第一时间内通知客户。客户的难题当天就得到了有效处理。积极的沟通和细致的客户关怀消除了客户对我司的不满和对不能确权的担忧,深化了客户对退市业务的了解,有效化解了矛盾,让客户切切实实感受到我司对其的重视,取得了客户的理解。

(三)投资者炒作退市股的心理剖析

在大多数的退市公司退市前都有多次风险警示。但是,由于即将退市的股票价格低、盘子小,不少投资者抱有捡便宜的赌博心理,寄希望于其退市前暴涨一波的投机和退市后的重新上市,以博取更大的收益。案例中,陈先生买入 * ST 长城就抱有捡便宜的博弈心理,寄希望于长城退退市后能重新上市,在长城退退市整理期始终未卖出该股票。长城退退市后由于迟迟未发布确权公告,担心长城退不能顺利转板交易,损失会进一步扩大。

2022 年以来不少退市股票在退市前夕出现股价炒作暴涨的情形,例如:退市金泰最后一个交易日 2022 年 6 月 30 日涨幅达 10.09%;金刚退在临近退市的 10 个交易日累计涨幅近 90%,其中最后一日即 2022 年 6 月 24 日涨幅达 7.32%;退市游临退市前从 2022 年 5 月 26 日开始出现连续上涨,截至 2022 年 6 月 15 日最后一个交易日,其间累计涨超 48%。炒作退市股从未停息,从某种程度上来说是部分机构、大资金和散户一同博弈该股最后的投机机会。退市股票短期上涨的背后往往存在一些故意拉抬股价、大额申报等行为,影响了市场的正常交易秩序,对投资者交易决策形成严重误导,投资者入局很容易遭受损失。

中小投资者在资金实力、信息获取和风险承受能力等方面处于弱势。投资者应该认识到,随着注册制改革的深入,退市公司已经没有壳资源优势可言。在监管趋严的背景下,退市股再重新上市的可能性极小,容易受到不公平对待甚至违法违规行为的侵害。据不完全统计,退市后重新上市的企业寥寥可数,成功重新上市的企业只有 3 家,即招商南油、国机重装、汇绿生态。汇绿生态退市 16 年后才重新登录深圳证券交易所,成功重新上市需要具备良好的财务情况。

虽然有不少投资者在退市股票身上博弈,但在股票退市整理期出现的异常交易行为将会遭到监管层的重点监管。2022 年,上海证券交易所多次发布公告,对退市新亿、退市游久、退市拉夏等股票退市整理期交易情况密切监控,对拉抬股价、维持涨幅限制价格等加剧股价波动、误导投资者交易决策、影响市场交易秩序的异常交易行为依规从严监管,对部分投资者采取连续实施暂停账户交易的监管措施。

三、案 例 启 示

近年来,随着资本市场的快速发展,相关的证券期货纠纷的数量也随之上升,证券期货纠纷相比普通纠纷具有专业性强、涉案人数多、小额居多、双方实力悬殊、社会影响大等特点。证券期货纠纷解决方式主要包括诉讼、仲裁、调解、信访 4 种方式。习近平总书记提出“把非诉讼纠纷解决机制挺在前面”。由于当前我国司法资源的有限性,纠纷调解机制具有专业、高效便捷、成本低廉等优势,建立非诉讼纠纷解决机制十分必要。为此,应该从多个维度加快证券期货纠纷调解机制的建设。经营机构在投诉处理过程中要保持敏锐性,有效提升风险防范化解的前瞻性和实效性。以下是对于如何有效化解纠纷的几点启发。

(一)加强投资者教育

发挥经营机构开展投资者教育的主观能动性,通过通俗易懂、形式多样、面向不同投资者群体的投教产品,树立投资者理性投资的理念,并积极组织开展退市中的投资者教育及日常理性投资教育活动,帮助投资者增强风险意识和自我保护能力,将投资者教育纳入开户、交易、营销及客户服务等各个环节。

个人投资者应提高自身的风险意识，树立理性投资的理念，切忌炒概念，远离炒小炒差，避免追涨杀跌，不盲目投资，不要相信一夜暴富的美梦。个人投资者应提高自身鉴别风险的能力，关注政策动向、基本面情况、投资者教育宣传等，购买适合自身风险承受能力的产品。另外，鉴于机构投资者专业经验更丰富，个人投资者可通过参与基金等投资方式，分享资本市场增长红利。

（二）强化信息披露要求

本文案例中，长城退《关于公司股票终止上市并摘牌的公告》中的联系电话无法拨通导致了信息沟通的不畅，引起了投资者的不满。信息披露制度不仅是资本市场健康发展的制度基石，更是维护投资者权益的重要保障。真实有效的信息是投资者自主进行价值判断的前提。在实践中，有的上市公司信息披露过于冗长，或者信息披露流于形式，加大了信息不对称，应加强信息披露的真实性和有效性。

（三）梳理风险点做好风险排查

经营机构应梳理不同类别纠纷投诉事项的处理要点，结合对典型案例的剖析，编制内部纠纷投诉事项办理指引，减轻纠纷处理的负担，提高投诉的处理效率。应根据投诉事项反映的问题，结合公司内部风控合规建议，开展风险排查，提出风险监控防控的建议。

（四）配置专门的纠纷调解员

投诉处理工作是客户服务中的重要一环，是提高客户黏性、增强客户满意度的关键环节。做好投诉处理需要面对面与客户沟通交流，站在客户的立场考虑，从客户的利益出发，通过积极沟通和客户关怀疏导化解纠纷，在预防、处置重大投诉事项方面做到快速反应，切实维护市场稳定，维护投资者合法权益。

经营机构可以配置专门的纠纷调解处理人员，提升调解员的专业能力，从证券期货专业知识、法律法规、心理学、调解技能等多方面提升专业素质，打造调解员队伍，不断提升调解员的调解技能、专业化水平，用专业化服务赢得信任。整个行业应该形成共同的认识，打造调解员队伍，通过加强培训和实战训练，不断提升调解员的职业素养。

（五）建立统一的纠纷调解平台

此前，市场主要的纠纷调解平台为深圳证券期货业纠纷调解中心，已成功调解案件 2035 宗，和解金额约 31 亿元，具有高效、平稳、低成本的优点，但案件主要源于深圳证监局受理的投诉,受众面较为狭窄。常态化退市下,根据最高人民法院和中国证监会“总对总”证券期货纠纷诉调对接机制要求,优化升级后的全国证券期货纠纷在线调解平台应运而生,集公信与专业于一体,统一受理资本市场各类纠纷,加强协同效应。

该平台为证券期货纠纷当事人提供纠纷登记受理、在线调解与协议确认、申请协议司法确认等全流程服务,不仅方便当事人之间的沟通协调和纠纷化解,同时还可以降低机构的纠纷处理成本,有效提升处理客户投诉的效率。但是该平台成立不久,知名度还不够,调解的案件数量有限。

(六)积极引导投资者多元化解纠纷

很多散户因为上市公司或实控人,董事、监事、高级管理人员存在虚假信息、财务造假、违规担保、资金占用等违法违规行为而蒙受损失。经营机构应明确告知投资者处理原则,积极引导其通过“12386”服务热线、人民法院、中国投资者网证券期货纠纷在线解决平台、诉讼代表人制度等方式,持续加强投资者合法权益保护,帮助广大中小投资者得到公平、高效的赔偿。

四、综　　述

通过加强投资者教育工作、强化信息披露要求、梳理风险点做好风险排查、配置专门的纠纷调解员等事前防预工作,我们可以进一步完善证券期货纠纷调解机制建设。此外,通过建立统一的纠纷调解平台,积极引导投资者多元化解纠纷,及时处理风险,可以实现公证、快捷、高效、低成本解决纠纷。我们始终坚信,随着对常态化退市业务纠纷调解机制的不断探索和完善,一定能更加有效化解资本市场矛盾,保护好投资者权益,促进我国资本市场长期健康发展。

案例2　上市公司虚假陈述集体索赔案例分析

丁　楠*

一、案情介绍

2018年年初,H公司收到监管机构下发的《关于对H公司采取责令改正措施的决定》。监管机构初步认定:H公司内部控制不规范、会计基础工作薄弱。同时,H公司就前期财务数据重大调整及停牌核查发布公告称,经公司自查发现存在实物资产不实问题,可能涉及公司以往年度财务数据重大调整。

H公司发布《关于X年年度业绩预亏公告》及《关于公司股票可能被实施退市风险警示的风险提示公告》称,经财务部门初步测算,预计X年年度实现归属于上市公司股东的净利润将出现亏损,且净资产为负值,并且公司本次可能因追溯调整后出现连续亏损,具体数字尚需进一步核实。本期业绩预亏的主要原因为经公司自查,发现存在实物资产不实的重大问题,可能涉及公司以往年度财务数据重大调整。由于相关问题形成原因较为复杂,需进一步核实。

根据《上海证券交易所股票上市规则(2014年修订)》的规定,最近两个会计年度经审计的净利润连续为负值,或者被追溯重述后连续为负值,公司股票将在年度报告披露后被实施退市风险警示。

2018年3月,H公司因涉嫌信息披露违法违规,根据2014年《中华人民共和国证券法》的有关规定,中国证监会决定对H公司立案调查。2019年7月,H公司收

* 中证资本市场法律服务中心辽宁调解工作站公益调解员。

到中国证监会《行政处罚及市场禁入事先告知书》(以下简称《行政处罚告知书》),《行政处罚告知书》显示拟对公司作出行政处罚及采取市场禁入措施。违法事实、理由包括:年度报告、季度报告中披露数据和资产存在虚假记载;因违反了《中华人民共和国证券法》的相关规定,构成 2014 年《中华人民共和国证券法》"发行人、上市公司或其他信息披露义务人未按照规定披露信息,或者所披露的信息有虚假记载"的情形,拟对相关人员作出处罚。2019 年 12 月公司收到中国证监会《行政处罚决定书》,认定公司存在上述违法事实,并对公司及其相关人员进行罚款及市场禁入处罚。

该情况发生以来,全国各地有几百名投资者,通过多家律师事务所,多批次地向沈阳市中级人民法院(以下简称沈阳中院)提起集体或单独诉讼,要求 H 公司对 2018 年 1 月 30 日收盘时持有股票,并在 2018 年 1 月 31 日后卖出或仍持有并曾产生一定浮亏(无论是否解套)的投资者进行赔偿。投资者的诉讼请求包括:(1)判令公司赔偿损失;(2)诉讼费由被告承担。事实和理由为:原告作为投资者,因 H 公司信息披露违法违规一事受到损失,公司存在未按规定披露信息的违法行为,依法应当向投资者给予赔偿。沈阳中院在接到投资者诉请后,及时立案并了解案情。民事审判庭对部分投资者的诉求进行了核查,并对投资者的损失进行了初步核定,对部分投资者的诉讼作出了判决。

生效判决认为,H 公司于 2011 年 4 月 14 日发布 2010 年度报告,是首次实施信息披露违法行为,故该案证券虚假陈述行为的实施日应确定为 2011 年 4 月 14 日。

综合原告的诉讼请求及 H 公司的答辩意见,案件争议焦点为:公司虚假陈述行为的揭露日应当如何确定;公司虚假陈述行为的基准日和基准价应当如何确定;公司应如何承担赔偿责任。经事实认定及损失核定后,沈阳中院确定了公司虚假陈述行为的揭露日、基准日、对应的基准价,公司应当对投资者的差额损失在扣除系统风险后承担赔偿责任。综合测算结果,酌情确定系统风险等因素对股价的影响为 83%,公司应对原告投资差额损失的 17% 承担赔偿责任。

另外,根据《中华人民共和国企业破产法》第 44 条、第 47 条、第 92 条,H 公司虚假陈述行为发生在公司重整之前,原告主张的因虚假陈述行为所造成的损失,属于破产重整债权。现 H 公司重整计划已执行完毕,原告未在申报期内进行申报,其债权应参照重整计划制定的同类债权清偿条件进行清偿。即经营类普通债权以债权人为单位,每家债权人 50 万元以下(含 50 万元)的债权部分,获得全额现金清偿;50 万元以上(不含本数)的债权部分统一按照 70% 的清偿率进行一次性现金清偿。

该案判决后,又有众多投资者通过集体或个人诉讼的方式,向沈阳中院立案,要求 H 公司进行赔偿。经过诉调对接前置沟通以及案件主审法官前期面向当事人开展调解征询等基础性工作,2022 年 4 月,中证资本市场法律服务中心(以下简称中证法律服务中心)、中证法律服务中心辽宁调解工作站对接沈阳中院,依托人民法院调解平台接收由沈阳中院中转委托的百余名原告诉 H 公司证券虚假陈述责任纠纷案,所涉诉讼请求金额合计 300 余万元。

二、调 解 处 理

接到案件转办后,中证法律服务中心积极对接沈阳中院,就纠纷办理及诉调对接程序适时参与指导和协调,并经原被告诉讼代理律师协商确定了调解员人选。调解员跟进后,及时梳理案卷材料并向承办法官了解案情并展开细致沟通,明确了裁判观点,对原告同批次起诉的同类案件的调查取证及相关事实部分进行了确认,仔细了解当事人双方的具体情况和案件进展。调解员与两方代理律师沟通,向各方出示了法院提供的案卷材料,了解双方对本案基本事实和具体调解方案的意见,并请当事双方就无争议事实和观点予以确认。

原告多位代理律师表示,H 公司的虚假陈述行为经行业行政监管机构立案调查,违反了 2014 年《中华人民共和国证券法》的相关规定,属于违法违规行为,应对广大投资者蒙受的投资损失负有直接责任。原告要求公司赔偿因虚假陈述造成的投资损失并承担相关费用。因为此前法院已经有同类案件生效判决,投资者接受类案判决结果,要求 H 公司尽快予以赔付。

被告代理律师表示,H 公司对此前法院的判决结果无异议,但公司目前正处于破产重整阶段,案件赔付要通过管理层审议并需要符合重整计划要求。同时,他表示对于通过第三方机构调解解决同类案件的方式,还需要与委托人 H 公司充分沟通方可确认。被告认为,由法院出具正式的书面判决书比较符合公司既定要求,更接受和认同经法院审判的纠纷解决方式,对通过第三方机构组织调解的方式提出了顾虑。

调解员再次与承办法官联系,了解此前法院与双方代理人的沟通情况。承办法官表示,与被告的律师有过多轮沟通,也向当事双方阐述了目前最高人民法院关于全面推进证券期货纠纷多元化解机制建设,及人民法院全面深化多元化纠纷解决机制改革的相关意见。现在各地已全面推行证券期货纠纷诉调对接工作机制,通过诉前、诉中调解缓解目前法院受理案件的压力,引导当事人通过调解组织解决纠纷。通过示范判决所确立的事实认定和法律适用标准,能够很好地降低当事双方的案件诉讼成本,提高纠纷化解效率。

在随后与 H 公司代理律师的沟通中,调解员表示,公司应认识到非诉解纷的有利条件。在简化程序,节省时间和精力的同时,法院方面也可以在诉讼费用方面给予一定的减免支持。被告方之所以对于目前通过调解的方式解决矛盾纠纷有所顾虑,主要考虑现阶段对公司进行维权起诉的投资者数量已经相对稳定,公司也已预估了提起诉讼的投资者的大致数量和索赔金额,而有不少投资者因诉讼成本高、程序繁杂等因素并未提起诉讼,被告担心一旦同意通过诉前或诉中调解的方式解决纠纷矛盾,通过此方式维权的投资者激增,对公司外部声誉及后续重整工作产生未知影响。由于在解纷层面公司从希望程序顺畅且过程可控,因此前期不同意通过调解的方式解决投资者诉求。

了解情况后,调解员与承办法官围绕被告的情况进行了分析,表示能够理解被告的处理原则和意愿。随后,承办法官付出大量的时间和精力,向被告再次讲述和传达了《最高人民法院关于人民法院进一步深化多元化纠纷解决机制改革的若干意见》等文件精神,讲述了多元化纠纷解决机制的优点和工作原则,和依法、公正、高效化解证券期货纠纷的目的。

经过沈阳中院经办法官和调解员的密切配合,在中证法律服务中心的支持下,调解员协同、分批、高效完成全部案件的诉中委托在线调解工作。经调解,立足便利、高效原则,原被告诉讼代理人达成调解协议并完成了调解协议的线上确认、签署。本案调解探索实践了及时、妥善的跨地域、全流程在线调解机制。H 公司按此前同类案件判决结果向原告方赔付损失,原告确认根据调解协议被告给原告造成的全部损失已经得到充分赔偿。案件受理费用减半收取。

三、案例评析

近期证券期货市场已经有多宗涉及上市公司虚假陈述行为的诉讼案件发生。本案诉讼程序启动正值最高人民法院和中国证监会在全国推动证券期货纠纷多元化解决机制建设之际。此前,地方监管机构已对上市公司的违法违规行为进行了调查并给予处罚,法院也对早期提起诉讼的赔偿案件进行了审理,并出具了判决结果。但是,由于此类案件投资者人数众多、地域范围广、时间跨度长、损失核算复杂、案件审核过程长等因素影响,法院不能一次性解决所有投资者的索赔诉求,而投资者会分批次向法院提交诉讼请求将耗费当事人双方及法院大量的时间和资源。同时,由于双方对诉调对接的理解和认识还不清晰,对纠纷调解机制了解有限,对调解的程序、结果、效力认可度低,当事人不支持、不接受、不配合的情形偶有出现。这就需要法院和调解员共同努力,向当事人宣导诉调对接能够降低当事人解纷成本的优势,提高工作效率,从而建立健全有机衔接、协调联动、高效便民的证券期货纠纷多元化解机制,依法保护投资者的合法权益,严格遵守法定程序,公正、高效地化解证券期货纠纷。同时,人民法院为经调解达成的调解协议依法提供司法保障,保护双方当事人的合法权益,去除当事人的各种疑虑,维护公开、公平、公正的资本市场秩序,促进资本市场的和谐健康发展。

同类案件的裁判观点、同类案件的生效判决为后期调解工作的开展提供了依据和标准。与此同时,双方当事人比较了解同案判决结果,事先了解和接受通过调解能够达到的结果,也是促成后续调解成功的主要因素。承办法官对本案调解过程也起到了至关重要的作用。承办法官能够与调解员展开充分沟通,向当事双方传达法院的裁判观点和意见,减少当事人的顾虑,与调解员密切配合,充分体现了诉调对接落实执行的有效性。

第四篇

期货专题

Cases Review of Dispute Mediation

案例 1　居间人管理类期货纠纷调解案例分析

侯　平*

一、案 例 简 介

2020 年 7 月 3 日，Z 先生接到 T 女士介绍期货软件的电话，之后双方互加微信，T 女士通过微信推销 Q 公司的期货软件并邀请 Z 先生通过网络直播收看软件的讲解课程。在此情形下，2020 年 7 月 10 日，Z 先生花费数千元购买了 Q 公司所谓的“期货软件”。之后，Q 公司安排工作人员将 Z 先生购买的“期货软件”安装至某交易软件上。后来，Z 先生才知道其所购买的并非实质意义上的软件，仅仅是两个指标。Q 公司通过虚假宣传误导 Z 先生进行购买后，不断向其发送盈利截图，宣称 Q 公司和 S 期货公司有合作，只要在 S 期货公司开户并且资金达到一定要求，就可以获得专业分析师一对一指导。2020 年 7 月 14 日，Z 先生在 S 期货公司开设期货账号，并在开户环节提供了居间人 Q 公司的代码，对其居间人为 Q 公司表示知晓和确认（后 Q 公司居间合同到期，经 Z 先生同意，将 Z 先生划转至居间人张某名下，经核实居间人张某为 Q 公司股东）。之后，Z 先生在张某公司员工的指导下进行期货交易，账户不断亏损，Q 公司不断更换喊单人员向 Z 先生提供具体投资建议，并且让 Z 先生不断增加资金重仓频繁交易，致其共产生近百万的亏损。Z 先生就上述事项进行投诉，认为 S 期货公司及其居间人 Q 公司和张某（以下简称居间人）涉嫌销售虚假金融交易软件、诱导交易者频繁重仓交易，并从中赚取高额手续费，要求 S 期货公司和居间人共同赔偿损失。

---

* 中证资本市场法律服务中心安徽调解工作站公益调解员、华安期货法务部经理。

二、双方争议点

本案主要争议点在于损失赔偿范围及赔偿主体。Z 先生认为对于其居间人涉嫌销售虚假金融交易软件、诱导交易者频繁重仓交易,并从中赚取高额手续费的情况,S 期货公司应当和居间人共同赔偿自己的损失。S 期货公司则认为,首先,自己已建立并执行有效的居间人管理制度,并且在居间合同中进行了明确规定;其次,客户在开户环节签署的《居间人身份告知确认书》确认了居间人非期货公司员工,其居间活动仅限于客户介绍,并独立承担基于居间关系所产生的民事责任,S 期货公司尽到了风险揭示义务;再次,S 期货公司得知此事后已在第一时间扣发了居间人的报酬,要求居间人积极沟通并及时处理本起纠纷,说明 S 期货公司内部已建立对居间人的风险防范机制;最后,关于损失赔偿的问题,S 期货公司认为,这是居间人与 Z 先生之间的纠纷,跟期货公司没有关系,期货公司只能尽可能地为 Z 先生争取。如果居间人实在不愿意承担(或者承担的赔偿数额超过了扣发报酬数额),期货公司也没有办法。而且,Z 先生计算的损失赔偿数额包含交易所手续费和自主下单造成的损失,而居间人计算的损失仅限于指导下单造成的损失,二者存在出入。

三、调 解 过 程

(一)确认事实

调解员详细了解案件始末,并向双方当事人确认了以下无争议事实:

一是 Q 公司在不具备证券期货软件开发资质的情况下,违规销售交易指标,冒充量化交易软件,涉嫌造假;二是 Q 公司、张某作为居间人存在暗示保证收益、频繁指导客户进行交易赚取手续费等违规行为;三是 S 期货公司与 Q 公司、张某存在居间合同关系,对居间人的违规行为客观上负有管理责任。

(二)调解意见

调解员经详细核实 Z 先生账户交易品种、盈亏、手续费等情况,并向 S 期货公司核实居间人具体行为后认为:首先,Q 公司向客户售卖软件和指导交易的行为属于居间人行为,S 期货公司没有违反法律规定以及交易所、行业协会自律规则的行为;其次,S 期货公司在居间人管理方面未见明显瑕疵;再次,关于 Z 先生损失赔偿的问题,Z 先生作为一个有完全民事行为能力的自然人,具有一定的证券期货投资经验,应当对他人给予的投资建议进行辨别,理性投资,应当知道“天下没有只赚不赔的买卖”,根据金融行业“买者自负”的原则,Z 先生应当对其投资结果承担主体责任;最后,Q 公司和张某违反居间人管理相关的制度规定,违规作出营利承诺并指导他人进行期货交易,致他人账户大额亏损,应当承担部分责任。由于没有证据证明 S 期货公司对居间人管理存在疏漏,因此 S 期货公司不承担赔偿责任,但应当牵头组织、协调,积极主动处理此起纠纷。

本着化解矛盾与纠纷的原则,调解员多次与 Z 先生电话沟通,规劝其降低预期,阐明道理,并说明金融投资应遵循“买者自负”的原则,Z 先生应该对自己的投资结果负责。根据居间人管理相关规定和要求,Q 公司作为居间人只能为期货公司介绍客户,而居间人却违反规定向 Z 先生作出盈利承诺并且指导其下单交易,因此居间人应当承担基于指导交易而产生亏损的部分赔偿责任,但因自主下单产生的损失应由 Z 先生本人承担。最终,本案以 Z 先生承担总亏损的 60%,S 期货公司协调居间人 Q 公司及张某共同承担总亏损的 40% 达成调解协议,各方均同意调解协议内容。

(三)调解结果

调解员积极与双方当事人就事实部分进行深入沟通,详细了解情况及争议焦点,并针对争议焦点进行讲解分析。经调解,各方自愿达成如下协议:

居间人(Q 公司及张某)共同支付 Z 先生亏损总额 40%,S 期货公司负责协调居间人与 Z 先生签署和解协议,明确赔偿款的金额和时限,Z 先生承诺放弃以任何方式向 S 期货公司提出其他任何主张的权利。

四、案例分析

(一)关于居间人的法律地位

《期货公司居间人管理办法(试行)》(以下简称《期货居间人管理办法》)第 2 条规定:“本办法所称居间人,也称为中介人,是指受期货公司委托,为期货公司提供订立期货经纪合同的中介服务,独立承担基于中介服务所产生的民事责任,期货公司按照约定向其支付报酬的机构及自然人。"《最高人民法院关于审理期货纠纷案件若干问题的规定》第 10 条规定:"公民、法人受期货公司或者客户的委托,作为居间人为其提供订约的机会或者订立期货经纪合同的中介服务的,期货公司或者客户应当按照约定向居间人支付报酬。居间人应当独立承担基于居间经纪关系所产生的民事责任。"

从上述规定中可以看出,期货居间人是指受期货公司或者客户的委托,作为居间人为其提供订约的机会或者订立期货经纪合同的中介服务,并收取期货公司或者客户依约支付报酬的机构或者自然人主体,期货居间人应当独立承担基于居间经纪关系所产生的民事责任。特别是自然人居间人,由于其不隶属于任何机构,应以自己的名义开展居间业务,并独立承担基于居间等行为产生的一切法律后果。本案中,Q 公司、张某向客户售卖软件和指导交易的行为属于居间人行为,S 期货公司不存在违法违规以及违反交易所、协会自律规则的行为,且在居间人管理方面不存在失职或瑕疵,因此 Q 公司、张某作为居间人应当独立承担基于居间等行为产生的一切法律后果。

(二)关于居间人的义务及禁止性行为

《期货居间人管理办法》第 11 条规定:"……(二)居间人应当如实向交易者告知居间身份,充分揭示期货交易风险,解释期货公司、交易者、居间人三者之间的权利义务关系,告知期货保证金安全存管要求。不得故意隐瞒期货投资的风险或者故意夸大期货投资的收益,不做不实、误导的广告与宣传,不进行欺诈活动。居间人履行风险揭示程序并不免除期货公司履行期货交易风险揭示义务。"以及第 14 条规定"期货公司应当要求居间人不得有下列行为……(五)隐瞒重要事实或者进行误导性陈述,提供、传播虚假或者误导投资者的信息,夸大或者片面宣传投资业绩,向投资者作获利保证或者共担风险的承诺,诱使交易者进行期货交易……(十)以任何形式向交易者提供包括但不限于品种、价位、方向、数量等指向明确的交易建议……"

可以看出,《期货居间人管理办法》对居间人的义务以及禁止性行为都作了详细的列举。而在本案中,Q 公司在营销过程中存在夸大、不实、误导性宣传,暗示保证收益,频繁指导客户进行重仓交易赚取手续费等行为,并且向 Z 先生提供明确的交易建议,可以确定其违反了对于居间人禁止性行为的相关规定,超出了居间人可以开展业务活动的范围。

（三）关于期货公司对居间人管理的问题

《期货居间人管理办法》第4条规定："期货公司承担居间人管理主体责任，应当加强居间人职业道德教育，建立健全居间人管理制度，及时准确登记居间人信息。"第15条第2款规定："期货公司与居间人签订居间合同前，应当收集并认真审核居间人提供的资料，充分了解居间人的守法合规情况、诚信情况、业务素质，对其能否胜任居间人工作进行认真评估，审慎作出决定。"第24条规定："期货公司应当承担居间人名下客户投诉处理的首要责任，建立健全投诉处理机制，公开投诉处理流程，建立投诉记录台账，妥善处理客户投诉及与客户的纠纷。"第25条规定："期货公司在合作过程中发现居间人存在违反法律法规、部门规章、自律规则、公司内部管理制度等行为时，应当及时进行调查处理，按照有关规定和居间合同的约定采取相关措施并追究其责任，同时进行信息登记。涉嫌犯罪的，应当及时向有权机关举报。"

虽然居间人应当独立承担基于居间等行为产生的一切法律后果，但是就期货公司与居间人两者关系而言，期货公司对居间人负有管理责任，在与居间人签订居间合同前，期货公司应当收集审核其相关信息，充分了解居间人相关情况，认真评估并审慎作出决定；如果居间人名下客户投诉，期货公司负有投诉处理的首要责任，应当妥善处理；对于居间人存在的违规行为，期货公司应当及时调查核实，根据核实情况采取相关措施。本案中，虽然S期货公司没有违规，但是S期货公司对居间人负有管理责任，因此其应当积极主动协调处理此起纠纷。同时，S期货公司面对投诉立即开展调查，接到投诉后第一时间暂停Z先生所属居间人的佣金发放并向居间人问询客户情况，并对居间人进行居间合规行为警示，尽到期货公司应尽的义务。

（四）关于各方应承担的法律责任问题

《中华人民共和国民法典》第1165条第1款规定："行为人因过错侵害他人民事权益造成损害的，应当承担侵权责任。"《最高人民法院关于审理期货纠纷案件若干问题的规定》第3条规定："人民法院审理期货侵权纠纷和无效的期货交易合同纠纷案件，应当根据各方当事人是否有过错，以及过错的性质、大小，过错和损失之间的因果关系，确定过错方承担的民事责任。"据此，本案应根据各方当事人是否存在过错、过错的性质及大小、过错和损失之间的因果关系,认定当事人应承担的民事责任及承担责任的方式。Z 先生的交易亏损与其本人交易行为存在直接因果关系,应由本人承担主要责任;居间人 Q 公司、张某虽未直接交易 Z 先生期货账户,但因违反居间人管理相关规定,存在过错,应就其过错行为直接产生的那部分亏损承担责任;而 S 期货公司既没有导致 Z 先生交易亏损的直接行为,也不存在过错,因此无须就损失承担赔偿责任。

五、对各方的建议

(一)对期货公司

1. 完善内部风险管理机制

期货公司应建立健全并有效执行对居间人的风险管理制度和应急处理机制,在充分了解居间人的守法合规情况、诚信情况、业务素质的前提下,审慎选择居间人;同时,应加强居间人职业道德教育,严格履行主体责任,当发现居间人违规行为的,应当及时采取相关措施并追究居间人相应责任,避免因此产生的负面影响扩大。

2. 对交易者做好相关风险揭示工作

期货公司应向交易者做好风险揭示和信息披露,及时与交易者确认核对居间人信息并告知居间人相关禁止性行为,提高交易者风险防范意识;应加强异常交易和操作监测,妥善处理投诉纠纷,切实承担自身行为合法性的举证责任。

(二)对居间人

1. 规范自身行为,严禁出现禁止性行为

居间人应当依法依规开展业务,不得存在《期货居间人管理办法》中规定的获利保证、代客理财等禁止性行为。

2. 严格履行适当性义务

在向交易者推介期货交易经纪服务的过程中,居间人应履行了解交易者、揭示期货交易风险、将合格的交易者介绍给期货公司等适当性义务,以避免交易者进行"不必要的期货买卖"。

（三）对于交易者

金融投资应遵循“买者自负”的原则，交易者应当对自己的交易结果负责。同时，高收益往往意味高风险，交易者在参与市场交易时应多一份谨慎，不盲目听信任何人的无风险、高收益诱导，树立正确、理性的投资观念。

案例2　期货强行平仓纠纷调解案例分析

侯　平*

一、案 例 简 介

期货交易者T某，在Z期货公司开立期货账户并从事期货交易，2021年9月27日开盘后，期货市场多品种涨停板，T某持仓的SA2201合约涨停，账户可用资金为负，在此情况下，Z期货公司采取了先处理风险后通知的风控措施。风控员于9:29:21强平委托挂单SA2201买平1手，价格3384元，挂单时，T某账户可用资金为-4640.6元，依Z期货公司保证金标准测算的风险度为186.18%，依交易所保证金标准测算的风险度为139.63%。Z期货公司于9:36:53通过系统发送通知短信，交易者于9:43:18入金15,500元，由于Z期货公司交易系统无法自动检测实时入金情况，风控员未及时知晓交易者已入金，导致9:29:21挂的委托单于9:51:59成交。成交后风控人员于9:57:49向T某发送已强平的通知短信，T某随后盘中致电Z期货公司问询情况，风控员解释此次强平操作是采用在极端行情下先进行强平处理后通知的方式，如T某对此强平价格有异议，可立刻以涨停板价格（强平价）开回空单，Z期货公司愿意减免开平仓手续费。T某不同意此方案，T某就上述事项申请调解，认为Z期货公司在自己已经入金的情况下执行强平不合理，要求Z期货公司赔偿损失。

* 中证资本市场法律服务中心安徽调解工作站调解员、华安期货有限责任公司法务部经理。

二、双方争议点

本案主要争议点在于:一是Z期货公司认为从强平前后T某交易情况分析,T某在强平委托成交后10:32:07又卖开1手SA2201,成交价格3382元,表明T某在被强平后进行了开仓操作,与Z期货公司给出的和解方案相符。但T某认为,开不开仓是自己的事情,自己的账户在保证金充足情况下不应该被强平,因此要求Z期货公司赔偿损失。二是T某认为Z期货公司未履行通知义务,且在自己入金后没有及时关注交易者权益变化而采取了不合理的强行平仓,造成自己账户亏损,要求Z期货公司以强行平仓前一日的结算价为计算标准,赔偿自己损失5020元。Z期货公司则认为,强平操作是在交易者保证金不足状态下进行的,虽交易者之后入金,但因系统智能化不足,入金后未能及时识别导致挂单成交,不否认强行平仓工作存在问题。考虑到交易者不好的服务体验,愿意按照当日SA2201结算价和平仓价之间差额的一半核算,补偿T某1130元,但不认可交易者关于损失的计算方式。

三、调 解 过 程

(一)确认事实

调解员详细了解案件始末,并向双方当事人确认了以下无争议事实:一是2021年9月27日开盘后,期货市场多品种涨停板属极端行情;二是Z期货公司在强平挂单前未向T某发送强平通知;三是T某在收到通知后的7分钟内进行了入金操作;四是T某账户的强平挂单是在账户内保证金充足的情况下成交的。

(二)调解意见

调解员经查阅期货交易相关法律法规、部门规章、自律规则以及相关案件后认为:首先,Z期货公司在强行平仓操作过程中未尽到通知义务,未及时关注交易者入金情况,其本身存在过错,应当承担相应的损失赔偿并就自己在服务上的欠缺向交易者致歉。其次,关于T某损失赔偿的计算基数,到底是依据平仓前一日的结算价还是平仓当日的结算价,因缺少明文规定无法确定。调解工作坚持以“公平公正”为核心要义,以交易者账户强平前一日的结算价计算损失可能会更加合理。

本着化解矛盾与纠纷的原则,调解员多次与 T 某电话沟通,与其耐心解释损失赔偿的计算方式。经多次努力,T 某愿意将原来要求 Z 期货公司承担 5020 元损失的赔偿数额降低到 4000 元,但要求 Z 期货公司向自己道歉。Z 期货公司一开始只同意给予 1130 元的赔偿,后经调解员从中斡旋,其认识到自身的工作存在过错,同意提高赔偿损失,并愿意因自身工作瑕疵造成交易者不愉快的交易体验而向 T 某道歉。经调解员解释说明,T 某最终同意以 Z 期货公司赔偿损失 4000 元并向其道歉达成调解,对此双方均已同意。

(三)调解结果

调解员积极与双方当事人进行深入沟通交流,详细了解情况及争议焦点,并针对争议焦点进行了讲解分析。经调解,各方自愿达成如下协议:

以 Z 期货公司向 T 某支付赔偿金 4000 元整并向 T 某致歉为该纠纷的终局解决方案。T 某承诺放弃以任何方式向 Z 期货公司提出其他任何主张的权利。

四、案 例 分 析

(一)关于强平权利行使的问题

《中华人民共和国期货和衍生品法》第 41 条第 2 款规定:“交易者的保证金不符合结算参与人与交易者约定标准的,结算参与人应当按照约定通知交易者在约定时间内追加保证金或者自行平仓;交易者未在约定时间内追加保证金或者自行平仓的,按照约定强行平仓。”《期货交易管理条例》第 34 条第 2 款规定:“客户保证金不足时,应当及时追加保证金或者自行平仓。客户未在期货公司规定的时间内及时追加保证金或者自行平仓的,期货公司应当将该客户的合约强行平仓,强行平仓的有关费用和发生的损失由该客户承担。”

从上述规定不难看出,就期货公司与交易者的委托关系而言,强行平仓是指期货公司在交易者未在规定时间内补足保证金或自行平仓时,对交易者账户的持仓进行强行操作的行为。作为期货公司实现风险控制的重要手段,因强平操作会对交易者的利益产生直接影响,期货公司在行使该项权利时应满足以下 3 点:一是交易者账户内根据期货公司或交易所保证金比例标准测算的保证金余额不足;二是期货公司已向交易者履行通知义务;三是交易者未在规定时间内自行减仓或补足保证金；三者缺一不可。虽然行业内普遍都在期货经纪合同中约定期货公司在市场极端行情下可根据行情态势演变，不经通知，随时对交易者账户执行强平，但这与《中华人民共和国期货和衍生品法》的立法精神存在差异。因此在实践中，即便是在极端行情下，期货公司也应当在强平前履行通知义务（可通过短信系统推送）。而本案中，虽然Z期货公司是基于极端行情的考虑，但在挂出强平单之后才向交易者发送通知短信这种做法显然不妥。

（二）关于通知时间的问题

无论是法律、法规还是司法解释，都规定了期货公司在执行强平操作前应当履行通知义务，但是对于通知送达的时间却未作明确规定。实践中有两种情况：第一种是在行情不剧烈的情况下，在交易者账户按照期货公司保证金标准计算的风险率首次达到100%时，期货公司会在当日结算后向交易者发送追加保证金或强行平仓的通知，要求交易者在第二天开盘前补足资金或自行减仓，否则，在第二日盘中期货公司可对其账户执行强平。这种情况下，由于从通知送达到执行强平时间充足，一般不会因此产生纠纷。第二种是在行情波动比较剧烈的情况下，当日盘中交易者账户按交易所保证金标准计算的风险率已达到或接近100%时，期货公司要么来不及通知，要么刚发了通知，没过几分钟就执行了强平。此种情况，从期货公司角度认为行情比较极端，批量账户风险达到强平标准，由于没有时间通知而期货经纪合同中又约定了极端行情可以不履行通知，因为执行直接强平。但从期货市场法律法规的精神来看，无论行情是否剧烈都应当在执行强平前履行通知义务。期货公司在经纪合同中约定的“极端行情不通知”条款也仅是期货公司从保护自身利益出发与交易者约定的格式条款，应从不利于期货公司的角度解释。且从司法判例来看，发送通知和执行强平的时间间隔应当满足一个正常人使用现代一般转账方式从银行账户划转到期货账户的时间；如果时间太短了，“发送通知”实质上起不到通知的作用。

（三）关于盘中入金交易者是否需要通知期货公司的问题

本案中，期货公司于9:36:53通过系统发送通知短信，T某于9:43:18入金15,500元。由于期货公司交易系统无法自动检测实时入金情况，风控员无法及时知晓交易者已入金，导致强平委托单在交易者入金后成交。那么，交易者在盘中入金后是否需要通知期货公司呢？本人通过查阅期货市场法律法规、部门规章以及自律规则,发现对此均未作规定或要求。从实践角度看,如果交易者将资金从银行转入期货账户时,由于各种原因,资金没有到达期货账户内(也就是资金在途),此时应当由交易者承担资金在途的风险和责任,一般期货公司也会在期货经纪合同中对此进行约定。但对于资金已经到达期货账户内,因为期货公司风控人员盘中没有时间逐一核实而要求交易者应当在入金后及时通知期货公司的,笔者认为此种做法没有法律依据,并不可取。因为交易者的资金一旦到达期货账户,期货公司就有义务关注其账户内的资金变化;特别是盘中风险较高,又已发送追保或强平通知的账户,更应当作为关注的重点。虽然期货公司风控人员盘中时间紧,需要面对数以万计的账户交易,客观上无法做到及时关注每一个风险账户,但这是期货公司的风控管理问题。期货公司的风控能力和水平需要跟上业务发展的步伐,两者应协调发展方能行稳致远。

(四)关于强平损失计算标准的问题

本案中,该问题是解决该起纠纷的关键点、双方争议的焦点,同时也是困扰调解员的难点。首先,期货公司认为应当以强平当日结算价作为标准计算两者的差额即为损失;而T某则认为应当以强平前一日的结算价为标准计算损失;而法律法规以及行业规则均未对此有相关规定,笔者查阅了很多资料也没有明晰的答案。从司法实务来看,实际上期货公司是从对自身有利的角度出发,而不是基于已经强行平仓的事实来思考和认识。同时,该观点也不符合期货市场的特征。对于期货市场上已经发生的价格走势,任何人都可以作出准确判断并选择适用有利于自己的价格;但对尚未发生的价格走势,谁也不能十分肯定其判断就一定准确。所以,基于已经发生的强行平仓事实,不能在发生后的价格趋势中寻找而只能在此之前寻找强行平仓损失的计算基准点,才算是客观和公正的。这个计算基点以强行平仓前一交易日持仓的事实和结算的数据为基准确立,由此计算期货公司责任的范围对本案争议双方而言相对客观公平。

笔者认为,在期货公司不当强行平仓的情况下,交易者总的损失为强平之后交易者账户的亏损金额(平仓盈亏),该金额扣除强行平仓前一交易日结算后显示为浮动盈亏而第二日变为实际盈亏的部分即由于期货公司强行平仓导致的交易者损失,也就是期货公司需要承担责任的范围。

五、对期货公司的建议

(一)严格落实强平前的通知义务

期货公司应当根据期货市场法律法规的规定和期货经纪合同的约定,在执行强平前履行对交易者的通知义务。即使在极端行情下也应当以适当的方式履行通知后才可实施强平操作。期货经纪合同的约定不能对抗法律规定。

(二)强平执行要符合制度规定、合同约定

期货公司应当加强内部合规培训,对与强平有关的法律法规规定、期货公司与交易者签署的经纪合同中关于强平操作的具体约定和双方权利义务等向员工进行详细解读,并要求员工在为交易者办理开户时向交易者明示,让其充分理解并做好留痕,务必依规依约实施强平操作。

(三)完善内部风控管理机制

期货公司应当建立健全交易风险控制机制,加强在风控系统、人员、设施等方面的投入和配置,建立从交易者账户风险预警到通知送达再到风险账户权益变动情况的实时联动,并直观展示给相应风控人员,以解决风控人员盘中时间不足的问题,实现智能风控管理。

案例3　期货居间人喊单纠纷调解典型案例分析

陈惠惠*

一、基本案情

2021年5月，投资者王先生在股票群里认识了李某并互加微信好友。李某声称如在某期货公司开立期货交易账户，可由某富公司旗下的袁老师免费向王先生提供期货交易指导。为了增加说服力，李某不时地向王先生发送其他投资者在袁老师指导下获得期货交易赢利的截图和袁老师的视频直播课程。在李某持续的鼓动下，王先生于7月决定在某期货公司开立交易账户并选择某富公司作为居间人。开户成功后，王先生根据袁老师的交易建议进行操作。在短短的1个月内，王先生亏损了近22万元，其中10万元为交易手续费。

王先生遂于9月向中证资本市场法律服务中心申请调解，认为期货公司与某富公司串通欺骗其从事期货交易，要求某期货公司全额赔偿其亏损的22万元。在征询某期货公司调解意愿后，纠纷双方当事人选定3名调解员正式开展调解工作。鉴于某富公司与本纠纷的关联性，经纠纷双方当事人同意并征询某富公司意见，中证资本市场法律服务中心将其增列为本纠纷当事人。

在调解过程中，期货公司辩称，不同意申请人的调解请求，理由如下：(1)开户时，其已依法履行了适当性义务，对王先生进行了风险评测及匹配，多次提示期货交易风险和居间人有关事宜；(2)开户后，期货公司依法开展期货经纪业务，其员工

---

* 中证资本市场法律服务中心资深经理、专职调解员。

未向客户提供任何交易建议,而且投资者所指的“袁老师”不是其员工,不存在任何串通欺骗投资者进行交易的情形。

某富公司则辩称,李某是其员工,负责前期开发客户,王先生确为李某发展的客户;但是,投资者所说的“袁老师”并非其员工,其公司也未从事“袁老师”旗下视频直播间的经营。因此,某富公司未向王先生提供任何交易建议,就王先生因期货交易导致的损失不存在任何责任。

二、调解过程

根据各方提供的证据并结合网络调查结果,中证资本市场法律服务中心观点如下。

(一)某期货公司已在开户时履行了适当性义务,并提示了有关居间人事宜

1. 开户时,某期货公司核实了王先生本人身份,并确认其已如实填写相关个人信息及风险评测问卷,并相应地对其进行了投资者适当性评估并告知其期货投资风险。

2. 根据客户签署的《期货经纪合同》《期货交易风险说明书》《居间人身份告知书》《客户须知》等文件以及见证视频和录音,期货公司已向王先生告知,某富公司系其居间人,并非其员工或代理人,同时提示居间人禁止性行为包括提供非法咨询,提供、传播虚假或者误导投资者的信息,或者诱导投资者进行不必要的期货交易等,王先生均一一进行了确认。

3. 根据《交易结算单》,王先生交易的期货品种与其风险测评结果相匹配,未超出其风险承担能力。

(二)某富公司提供了指向明确的交易建议

在本纠纷中,所谓的“袁老师”开展期货交易视频直播教学,以教授期货投资方法的名义,宣传其交易建议准确度;日常由其助理通过微信向王先生发送详细、指向明确的交易建议,内容包括期货品种、合约名称、方向、价位、止盈点、止损点等。证据显示,袁老师的视频直播间由C公司经营。从“国家企业信用信息公示系统”公示信息来看,该公司与某富公司不存在任何股权或管理上的关联关系;但两家公司在自愿披露的《年度报告》上所显示的联系地址和电话存在高度相似,因此可推

出两家公司大概率存在关联关系。某富公司最终承认 C 公司确是其关联企业，设立目的是从事咨询或“喊单”业务以逃避监管责任。同时，逐一比对聊天记录中助理发送的交易建议与王先生的历史交易记录可证明，王先生确实按照交易建议进行交易。

（三）某富公司从王先生的期货交易中获利

根据《期货经纪合同》，王先生应向期货公司支付交易手续费；《居间合同》约定，某富公司的居间报酬与前述交易手续费挂钩，即期货公司从收取的交易手续费扣除期货交易所手续费后留存部分按比例返给居间人作为居间报酬（俗称返佣）。在本纠纷中，某富公司确从期货公司获得了“返佣”，故其有动力促使王先生开立期货账户并持续进行期货交易。

最终，经中证资本市场法律服务中心调解，本纠纷三方当事人就调解方案达成共识，并相应签署了调解协议。

三、案 件 评 析

上述案件中，居间人为获取高额返佣而向投资者提供指向明确交易建议的行为被称为“喊单”。此类“喊单”纠纷受制于如下难点，使投资者在维护合法权益时存在障碍，调解工作较难开展：（1）投资者维权的依据不足；（2）期货公司是否应当承担赔偿责任存在争议；（3）如何识别居间人与实际喊单人之间的关联关系从而证实居间人从事了“喊单”行为存在难度；（4）投资者损失与居间人交易建议之间是否存在因果关系难以证明。

（一）投资者维权的依据问题

一方面，“喊单”的定义不清，定性不明，法律并明文禁止。根据《中华人民共和国民法典》第 26 章“行纪合同”，以及《最高人民法院关于审理期货纠纷案件若干问题的规定》第 10 条，期货公司居间人从事的居间业务应限于为期货公司提供订立期货经纪合同的中介服务，为此居间人有权收取相应报酬并独立承担基于居间经纪关系所产生的民事责任。然而法规未明确“喊单”定义以及相应的法律责任，因此调解中居间人通常主张其给出的交易建议仅供投资者参考，未违反法律规定，无须承担任何责任。

另一方面,维权无依据,责任主体不明确。“喊单”纠纷中,三方主体存在两份合同,分别为投资者与期货公司签署的期货经纪合同以及期货公司与居间人签署的居间协议,其中只有居间协议明确居间人不得从事“喊单”行为,并进一步约定由居间人自行解决纠纷并承担责任。然而基于合同的相对性,投资者非居间协议的签约主体,无权依据居间协议向居间人主张权利。正如上文所言,法律法规未规定期货公司或居间人应对居间人“喊单”行为承担责任,故投资者无规范依据主张权利。

为了规范期货居间行业,保护投资者合法权益,2021 年 9 月 10 日,中国期货业协会发布了《期货公司居间人管理办法(试行)》(以下简称《期货居间人管理办法》),其中第 14 条实质上是对“喊单”行为进行定义,即“以任何形式向投资者提供包括但不限于品种、价位、方向、数量等指向明确的交易建议”,并将其列入居间人禁止性行为;同时,第 25 条规定期货公司是处理“喊单”纠纷的责任主体,应依据有关规定和居间合同约定采取相关措施,否则将受到相应的自律监管措施。至此,《期货居间人管理办法》的发布在行业自律规则层面一定程度上缓解了上述维权难问题。

(二)期货公司承担赔偿责任的情形

1. 未履行适当性义务

根据《期货交易管理条例》、《证券期货投资者适当性管理办法》以及《期货经营机构投资者适当性管理实施指引(试行)》等有关法规、自律规则,期货公司在投资者开立期货交易账户时,应履行适当性义务,向投资者充分揭示期货投资风险,并在对投资者进行评估的基础上向其推荐合适的产品。期货公司应对其是否履行适当性义务承担举证责任。如证据显示期货公司履行适当性义务存在瑕疵,包括但不限于其员工参与协助投资者开户、所提供的任何材料可能导致居间人身份混淆等,则根据《全国法院民商事审判工作会议纪要》第 74 条第 2 款、第 77 条之规定,投资者有权要求期货公司承担赔偿责任,赔偿金额以投资者实际损失为限。

2. 未履行居间人管理责任

《期货居间人管理办法》规定,期货公司系居间人管理主体,承担对居间人事前、事中、事后的管理责任,应建立完善的内控管理制度。如期货公司无法提供证据证明其已尽到居间人管理责任,中国期货业协会可对其采取自律措施,投资者也可以此为由要求其赔偿损失。

就期货公司是否履行管理责任,可参考监管机关的监管口径[①],结合各方提供的证据进行综合判断:

(1)管理制度的完善程度,包括是否明确居间人准入标准、尽调流程、管理措施、审批权限等;

(2)准入把关的严谨程度,包括居间人尽调手段是否单一、流于形式,是否未关注部分居间人网站、公众号存在不当宣传内容,是否存在部分居间人未与公司签约即开展居间业务;

(3)监控管理的到位程度,包括是否对居间人开展持续培训、是否监测居间人名下客户异常交易情况、是否及时向居间客户提示风险、是否对居间业务流程开展监督检查。

(三)如何识别居间人与实际“喊单”人之间的关联关系

为规避责任,部分居间人通过多种方式在其居间业务和“喊单”之间建立“防火墙”。而本文案例中某富公司的做法比较典型,即设立不同主体以分别从事居间业务和“喊单”行为。鉴于证据有限,调解员需要借助网络调查查明居间人的“防火墙”,识别居间人与“喊单”人之间是否存在关联关系,明确居间人是否从事了《期货居间人管理办法》规定的禁止行为。

首先,调解员可与投资者详细沟通并逐条查看有关聊天记录,筛查出有用的细节和信息,如从事“喊单”行为的“老师”或直播间的名称等。

其次,调解员可在百度、微信、知乎、微博等多个平台对居间人、实际“喊单”人进行搜索。如有官方网站、微信公众号、微博或知乎号等的,可仔细查看其中是否存在任何信息明示或暗示居间人与实际“喊单”人存在任何关系。

最后,调解员可通过国家企业信用信息公示系统或企查查、天眼查、启信宝等第三方企业查询平台逐一查询各个主体(包括法人和自然人),以明确各主体之间是否存在股权或管理上的关联关系。如不存在,可进一步查看各法人主体在国家企业信用信息公示系统中披露的年度报告,以确认其联系地址、联系电话是否相同

---

① 唐燕飞:《深圳证监局:各期货经营机构应高度重视居间人管理工作》,载《上海证券报》,http://www.cfachina.org//industrydynamics/mediaviewoffuturesmarket/202111/t20211104_24121.html。

或存在高度相似性，从而判断各主体是否具有关联关系。

(四)居间人的交易建议与投资者损失之间是否存在因果关系

投资者的损失包括交易手续费损失和交易投资损失。在调解过程中，为尽快解决纠纷，居间人多愿意以其收到的返佣为限向投资者支付和解款项。就交易投资损失而言，唯有在证据证明交易建议与该项损失之间存在因果关系时，方可促使居间人承担部分损失。具体来说，可从以下方面着手进行证明：

1. 根据投资者的期货交易结算单，计算投资者的期货交易整体盈亏情况。如确实亏损的，则找出具体的每一笔亏损交易。

2. 查看投资者与居间人之间的聊天记录或其他证据，明确居间人的交易建议是否包括交易品种、价位、方向、数量；如包括，则可认定为指向明确，投资者可根据该建议进行相应的操作，从而构成《期货居间人管理办法》第 14 条第 10 项所规定的禁止性行为。

3. 投资者的亏损交易记录与居间人的交易建议之间是否匹配。一般来说，居间人向投资者发送多条交易建议，而投资者基于自身的资金规模或交易时间等因素，选择性进行跟单操作。在匹配过程中，需要注意：(1)期货市场行情存在短时间内波动大的情形，如当时的行情已不符合居间人交易建议而投资者仍然买入的，该交易建议与交易记录并不匹配；(2)就夜盘交易，其实际成交日期为交易当天，但在期货交易结算单中显示的成交日期为下一个交易日，在匹配时应注意这一时间差；(3)投资者是否存在未及时平仓导致损失扩大的情形，以及未及时平仓的原因。

自《期货居间人管理办法》发布以来，中证资本市场法律服务中心及各调解工作站受理有关期货公司机构居间人“喊单”纠纷数量明显增多。我们注意到，部分纠纷中隐现非法维权机构的身影。然而，究其根本，此类纠纷的增多是期货公司根据《期货居间人管理办法》对其居间人进行规范化管理所带来的必然结果。根据《期货居间人管理办法》及配套的规定，期货公司应于 2022 年 9 月 9 日前完成对既有机构居间人的清理，并妥善处理既有纠纷。我们判断，在完成对居间人的清理和既有纠纷的处理后，期货居间行业合规水平提高，投资者合法权利有效保障落到实处，有关“喊单”的纠纷有望呈现逐步减少的态势。

第五篇

理论研究

Cases Review of Dispute Mediation

证券期货纠纷多元化解决机制探讨

黄文静*

一、我国证券期货纠纷多元化解机制的发展

1. 初步确立阶段

2016年5月，随着最高人民法院和中国证监会《关于在全国部分地区开展证券期货纠纷多元化解机制试点工作的通知》（以下简称《证券期货纠纷多元化解机制试点通知》）的发布，证券期货纠纷多元化解机制开始在全国试点，由此，证券期货多元化解机制得以确认，基本工作机制得以明确。首先，设立监督和协调机制，由最高人民法院和中国证监会建立专门的工作小组负责试点工作的监督和检查，同时指导试点地区法院工作的开展；其次，明确纠纷化解所包含的范围，实现民事、行政纠纷等诉讼程序与多元化解机制的衔接；再次，明确试点工作制度，在纠纷化解人员方面，建立了特邀调解组织和特邀调解员制度，在指定的8家特邀调解组织中，既有中国证券业协会等行业协会，也有中国证券投资者保护基金等全国性投资者保护机构，同时还包括深圳市证券期货纠纷调解中心等地方性调解组织，可以看出特邀组织兼顾了调解经验和社会影响等多个方面。此外，诉调工作得以进一步完善，包括示范判决机制、在线纠纷解决机制等，极大提高了调解效率，有利于实现当事人权益的及时保障；最后，监督和协调机制规定了优惠政策，以鼓励投资者用调解的方式化解纠纷，为其维权行为提供经济保障，推动证券期货多元化解机制的落实。

---

* 招商证券股份有限公司广州天河君茂广场证券营业部。

2. 快速发展阶段

自《证券期货纠纷多元化解机制试点通知》发布之后,证券期货纠纷多元化解机制的试点工作取得了丰硕的成果。从最高人民法院 2018 年发布的《证券期货纠纷多元化解机制试点工作评估报告(摘要)》中可以看出,试点组织已经从 8 家发展到了 55 家,同时,调解员的组成也逐渐壮大,在调解效果方面也取得了显著的成效。各家调解机构两年多来共直接受理或受法院委托委派办理的调解案件 9116 件,办结率高达 91.33%,调解成功率高达 81.28%,给付金额近 14.97 亿元。由此,最高人民法院、中国证券会联合发布了《关于全面推进证券期货纠纷多元化解机制建设的意见》(以下简称《证券期货纠纷多元化解机制建设意见》),开始全面推进纠纷多元化解机制的构建。

总体而言,从"试点通知"到"建设意见"的变化,可以看出我国对于多元化解证券期货纠纷的重视程度,这一变化推进了多元化解机制的进一步完善。具体而言,首先,实现了从试点到全面推进,在调解组织、调解员、调解数量等方面都将得到提升。其次,就此前试点的内容进行了调整,一是新增了小额速调机制,即结合纠纷的具体情况以及双方的意见,对一定金额之内的小额纠纷事前与调解组织达成协议,从而加快纠纷的解决;二是新增了无争议实施记载机制,对于调解中没有争议的部分进行记载,为后续纠纷化解工作的开展提供便利;三是新增了调解前置程序,与法院的繁简分流工作相协调,针对证券、期货的纠纷,由调解组织或调解员在诉讼前先进行调解,有效提升纠纷的解决效率。由此,我国的证券期货纠纷多元化解机制构建进入了发展阶段。

二、证券期货纠纷多元化解机制构建的重要性

(一)提供工作新路径,缓解纠纷处理压力

随着我国经济的不断发展,资本市场体系也在不断健全,但较多的投资者依然存在风险意识较弱、投资能力有限的情况,因此,证监所所面临的纠纷的数量和复杂程度都在增加。推动证券期货纠纷多元化解机制的构建与完善,可以引导投资者通过该机制解决纠纷,从而缓解相关机构的纠纷处理压力。对于法院而言,涉及证券、期货等金融领域的诉讼,由于其涉及面广泛、对办案人员的专业性要求也更

高,因此其对该类案件的处理难度较大,诉讼周期也相对更长。当下,我国已经成立上海金融法院等专门法院,来集中处理金融类案件,以保证证券期货案件能更加快速地解决。纠纷多元化解机制的构建,是对普通诉讼程序的补充,其便捷性、灵活性能为法院办理案件提供新路径,同时,针对金融类案件专业性强的特点,多元化解机制能配合法院进行案件分流,从而提升法院的结案速度与办案效率。

(二)加快纠纷解决速度,切实保障当事人权益

相较于传统的诉讼程序,多元化纠纷解决机制呈现出更加灵活、便利以及机动的特点。因此,推动构建证券期货多元纠纷化解机制,能加快纠纷解决速度,有效维护当事人的权益。就涉诉金融机构而言,通过调解的方式解决纠纷,能有效降低包括律师费和诉讼费等诉讼的相关费用,此外,以非诉讼的方式也能有效避免诉讼给机构带来的不良社会影响。

就金融机构面临的监管调查以及与投资者纠纷两种情形,多元化纠纷化解机制为其提供了更优路径。首先,通过认定的调解机构进行调解,或者通过其他方式而提前与投资者达成和解,相较于诉讼而言,都是效率更高、影响更小的选择,有效降低费用。其次,按照我国民事诉讼相关法律的规定,需要对诉讼判决书进行公开,即非当事人也可以对相关信息进行查询,而通过诉前调解、和解等方式进行的纠纷化解,其调解书等内容并不会对外公开,仅相关人可以知悉。这样的方式能有效地保障机构的涉诉隐私,维护机构社会形象。

对于投资者而言,多元纠纷化解机制能在保障其合法权益的同时,将其维权成本降到最低。根据国务院《诉讼费用交纳办法》第 15 条规定:“以调解方式结案或者当事人申请撤诉的,减半交纳案件受理费。”《证券期货纠纷多元化解机制试点通知》第 7 条也明确了对于中小投资者,调解组织在处理其调解申请时原则上不收取费用,若投资者采取诉讼的方式,通常要经过较长的时间,还需要缴纳诉讼费。这些经济优惠政策能更好地引导纠纷当事人通过诉讼以外的多种方式解决纠纷,切实维护其权益。

三、我国证券期货纠纷多元化解机制的完善

(一)加强全国性证券期货纠纷调解组织建设

自《证券期货纠纷多元化解机制试点通知》下发以来,各试点地区以及各试点调解组织,都在积极致力于推进多元纠纷化解机制的构建,并结合本地区的特点以及本组织的特长来发挥作用。但是,由于各地的实践标准并不一致,全国范围尚未实现统一。2020 年 5 月 15 日,中证资本市场法律服务中心在上海揭牌成立,这是由中国证监会批准设立的全国性调解组织,具备跨区域、跨市场的特征。中证资本市场法律服务中心的设立,推进了我国证券期货纠纷多元化解机制的完善。进一步加强全国性调解组织的建设,一方面能够统一各地区的工作,并为其开展工作提供专业的指引,从而保证纠纷化解工作由上到下顺利开展,在涉及疑难、复杂、重大的纠纷时,能充分发挥其跨区域的特性,调动不同地区的调解组织协同开展工作,从而减少因为跨地区而带来的调解困难;另一方面,也有利于对各地区的工作情况进行总结、指导,当前的中证资本市场法律服务中心,主要还是负责纠纷调解工作的承办,而对于地区调解组织的工作情况,仍缺乏评价和指导,因此需要加强全国性证券期货调解组织的建设,从而确保在为地方调解组织工作开展提供示范的同时,也能对其起到监督、评价的作用,以推进地方优秀调解品牌的诞生。

(二)完善在线调解平台

随着对《证券期货纠纷多元化解机制建设意见》的不断落实,我国致力于调解平台的拓展与完善。近年来,更是极力推进纠纷线上调解平台的建设。目前,"中国投资者网证券期货纠纷在线解决平台"与"人民法院调解平台"之间信息的互通正在大力推动,从而打造协调、高效的证券期货纠纷线上解决机制,实现平台之间的数据互通、信息互换,为投资者权益保障提供了更加便捷和宽广的平台。接下来,还需要对证券期货纠纷网上诉讼调解对接机制进行完善,更好地贯彻以人民为中心的理念。同时,要进一步提高科技信息化监管水平,从而方便投资者以及市场主体更便捷地化解纠纷。此外,最高人民法院需要充分调动各级法院,与中国证监会一起,进一步畅通投资者保护渠道,促进资本市场的健康发展。同时,可以在平台上设立示范案例库,将具有代表性的、不涉及商业机密和个人隐私的案例,包括

调解以及和解的案例、法院判决等进行公开，一方面便于调解组织和调解人员学习经典案例，提升调解的质量，另一方面帮助投资者、相关机构更好地了解投资风险，认清投资矛盾，从而从根本上减少证券期货纠纷的发生。

（三）推动证券期货行业仲裁机制的构建

当前的证券期货纠纷化解，主要包括调解及和解两种非诉方式。针对这两种形式，在强制力上，存在调解结果未经司法确认、强制力不足的问题。在调解程序上，对于重大、有分歧的复杂纠纷，存在缺乏纠纷裁断机制的问题。在调解组织的工作经费上，正如前文所述，多数案件原则上不收取费用，而大多收取费用也是减半收取。长期以来，证券期货纠纷调解工作的经费来源，都是由行业协会、投保专门机构等相关单位的日常办公经费承担，对于调解组织而言，存在一定的工作经费来源过窄的问题。因此，探索构建证券期货纠纷行业仲裁机制，能有效弥补当前纠纷化解机制中存在的问题，实现对当前机制的有效补充，同时，随着我国资本市场的不断扩大，对外开放进程的不断推进，推动行业仲裁机制的构建，能为市场发展提供有力支撑，进一步扩大裁判规则的适用范围，从而缓解当前证券期货制度的空白。

2021 年 10 月，为完善证券期货纠纷多元化解机制，中国证监会与司法部发布了《关于依法开展证券期货行业仲裁试点的意见》（以下简称《期货仲裁试点意见》），推动证券期货行业仲裁试点工作的开展，以积极化解证券期货矛盾纠纷，切实维护投资者合法权益。具体而言，要构建证券期货行业仲裁机制，可以结合《期货仲裁试点意见》的规定，从以下方面入手：

首先，探索开展仲裁对接合作模式。正如法院与调解组织在进行诉调对接一样，可以探索仲裁机构与其他组织之间的对接合作。行业协会作为最为贴近市场的经营机构，自然能够更好地组织市场、行业中的专家来进行工作。因此，以行业协会为中心，针对疑难复杂的证券期货纠纷，组织行业专业来作为仲裁员进行仲裁，能确保仲裁结果的权威性和合理性。其次，试点工作的开展，应当在当前的法律框架下进行，同时进行创新性发展。《中华人民共和国仲裁法》第 10 条就仲裁委员会的设立进行了规制。虽然目前我国已经建立了全国性的调解组织，但是若在试点时就要构建全国性的仲裁机构，显然是不符合实际的。当前仲裁机构的设立，可以在地方政府以及中证资本市场法律服务中心的协调下进行，采用协议合作的方式,对仲裁员、仲裁费用的管理进行明确。待试点工作积累了经验之后,再对其进一步深化。最后,仲裁机构的构建应当始终将出发点和落脚点集中在投资者权益保护,尤其是中小投资者权益保护上。在进行制度设计时,要针对中小投资者作出制度倾斜,包括从仲裁费用,取证等方面提供优惠和帮助,以切实保障中小投资者的权益,推动市场良性运转。

四、结　语

我国多层次资本市场的逐步建立使证券期货的新品种也随之产生。切实保障中小投资者的权益,高效高质量地化解证券期货纠纷就成为关键问题。当前,我国正探索构建证券期货纠纷多元化解机制,在这一进程中存在体系化不足等问题。在进行纠纷化解时,要充分考虑中小投资者的利益,在立法和实践中对其予以适当倾斜,从投资者的需求出发,对市场中的调解资源进行合理配置,从而实现资源的最大化使用。要尽量降低投资者的纠纷解决成本,就调解、仲裁、诉讼的费用进行适当优惠。应当加强全国性证券期货纠纷调解组织建设,对其职能和任务进一步明确。同时,应完善在线调解平台。除了实现诉调机制的衔接,还应注重调解—仲裁机制的构建,从而降低投资者纠纷化解成本。此外,应推动证券期货行业仲裁机制的构建,为多元纠纷化解机制提供保障。

法律服务中心损失测算业务发展研究报告

唐茂军*　余鲁佳**

损失测算，是指损失测算机构接受人民法院等主体委托，运用专业损失计算系统和专门知识，分析、测算投资者损失，出具专业意见的活动。损失测算业务是我国证券虚假陈述司法实践近年来出现的新业态，在高效计算投资者损失、统一裁判标准、降低投资者维权成本、补齐投资者保护制度"短板"等方面发挥着越来越重要的作用。

中证资本市场法律服务中心损失测算业务自2019年年初发展至今已3年余，在不断探索与创新中发展壮大，并在司法实践中产生了较大影响力。同时，司法实践的不断发展对损失测算服务的需求更加迫切，也使损失测算业务面临新的挑战。本报告深入分析损失测算市场现状，全面总结中证资本市场法律服务中心损失测算业务发展经验以及面临的困难挑战，并提出了业务发展规划。

一、损失测算市场发展现状

（一）损失测算业务制度依据

损失测算业务总体上仍处于探索发展阶段，在资质准入、业务开展等方面尚无国家层面明确的制度依据，但在损失计算方法、跨部门协作方面有一些规定。

*　中证资本市场法律服务中心总监、资深经理、专职调解员。
**　中证资本市场法律服务中心经理。

1. 法律法规层面

目前,我国尚无法律法规对损失测算业务展业作出专门性规定。《最高人民法院关于审理证券市场虚假陈述侵权民事赔偿案件的若干规定》(法释〔2022〕2号,以下简称《虚假陈述司法解释》)从民事赔偿角度对虚假陈述损失计算方法等方面作了规定,例如因果关系成立(不成立)条件、损害赔偿范围、投资差额损失、系统风险及其他因素扣除原则等,但未涉及委托专业机构测算损失方面。

2. 规章规范性文件层面

目前尚无规章、规范性文件对损失测算业务展业作出专门性规定,但有规范性文件从跨部门协作角度提及,投资者保护机构可根据人民法院请求提供损失计算支持。例如,中国证监会发布的《关于做好投资者保护机构参加证券纠纷特别代表人诉讼相关工作的通知》(证监发〔2020〕67号)规定:"中国结算、证券交易所、投资者保护机构等可以根据自身职能,按照司法协助程序积极配合人民法院在特别代表人诉讼过程中的相关工作,在证据核查、损失计算及赔偿金分配等方面提供支持配合。"

《最高人民法院　中国证券监督管理委员会关于适用〈最高人民法院关于审理证券市场虚假陈述侵权民事赔偿案件的若干规定〉有关问题的通知》(法〔2022〕23号,以下简称《适用虚假陈述司法解释通知》)第4条规定:"案件审理过程中,人民法院可以就诉争虚假陈述行为违反信息披露义务规定情况、对证券交易价格的影响、损失计算等专业问题征求中国证监会或者相关派出机构、证券交易场所、证券业自律管理组织、投资者保护机构等单位的意见。征求意见的时间,不计入案件审理期限。"该联合通知具有较高效力,虽未对损失测算业务的开展作出规定,但首次涉及了损失测算的性质,即损失测算意见(结论)属于中国证监会及系统单位对人民法院损失计算专业问题征求意见的回复,也即通常意义上的"专业咨询意见",并无法律效力,仅供法院参考使用。

3. 内部制度方面

中证资本市场法律服务中心高度重视业务的制度建设,在业内率先制定了《中证资本市场法律服务中心损失测算业务规则(试行)》(以下简称《损失测算业务规则》)。该规则作为业务的制度依据,在业务性质与定位、业务受理与实施、工作纪律等方面作出了具体规定,将损失测算业务定位为公益、不收费的专业咨询服务,损失测算意见仅供委托人参考，损失测算人员不出庭。

（二）损失测算市场概况

1. 损失测算机构

目前，市场上明确开展损失测算业务的机构主要有4家：中证资本市场法律服务中心、中国证券投资者保护基金有限责任公司、上海交通大学上海高级金融研究院、深圳价值在线信息科技股份有限公司。这4家机构的主要服务领域为证券虚假陈述案件的投资者损失测算，但在机构性质、业务模式、收费、算法等方面存在较大差异，损失测算机构情况详见表2－5－1：

表2－5－1　损失测算机构情况对比

机构名称	机构性质	业务模式	业务资质	是否收费	主要算法
中证资本市场法律服务中心	中国证监会下属机构	受委托，出具损失测算意见	无	否	投资差额损失＋系统风险扣除
中国证券投资者保护基金有限责任公司	中国证监会下属机构	受委托，出具损失测算意见	无	否	投资差额损失＋系统风险扣除
上海交通大学上海高级金融研究院	上海交通大学二级学院	受委托，出具损失测算意见	无	是	投资差额损失＋系统风险扣除＋非系统风险扣除
深圳价值在线信息科技股份有限公司	民营企业	受委托，出具损失测算意见	无	是	投资差额损失＋系统风险扣除＋非系统风险扣除

总体而言，上述4家机构的算法差异主要集中在系统风险及非系统风险等因素的扣除方面。各机构基于对司法解释、证券市场理论的理解，以及对司法实践的经验总结，研发出各具特色的损失测算方法，在未违反司法解释精神的前提下，在一定程度上满足了司法实践的多元化需求。

2. 损失测算机构市场份额

我们从中国裁判文书网检索了2019年以来的证券虚假陈述纠纷案件民事判决书，以被告为上市公司的数据为准，共有案件87起，其中30起案件的判决书涉及委托损失测算机构测算损失，其中4起案件委托两家损失测算机构。为便于统计，我们将同时委托两家损失测算机构的案件数定为2,由此得出统计基数34起:其中委托法律服务中心22起,占比为64.71%;委托交大高金8起,占比为23.53%;委托投保基金3起,占比为8.82%,委托价值在线1起,占比为2.94%。可见,目前中证资本市场法律服务中心在损失测算市场占有较高的市场份额。具体损失测算机构市场占比见图2-5-1。

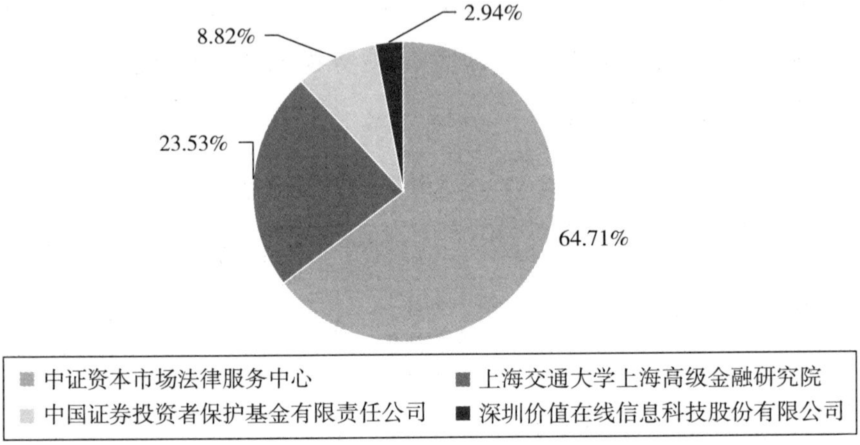

图2-5-1　损失测算机构市场份额占比

需要说明的是,中国裁判文书网公示的判决书数量并不完整,统计结论仅供参考:一是有些法院存在判决书未上网或延迟上网公示的情况;二是有些包含损失测算机构测算损失的案件因判决未生效而尚未上网公示。此外,还有大量委托损失测算机构测算损失的案件处于一审阶段。就中证资本市场法律服务中心而言,其已受理的案件数远多于中国裁判文书网公示的案件数。

二、法律服务中心损失测算业务开展情况

(一)损失计算软件简介

中证资本市场法律服务中心自主研发的证券虚假陈述投资者损失计算软件于2019年投入运行,目前已升级至2.0版本。该软件已取得国家版权局颁发的《计算机软件著作权登记证书》,且先后荣获2019年度上海金融创新奖提名奖、"奋斗杯"上海市青年金融业务创新大赛二等奖。

（二）业务开展成果

1. 损失测算数据

截至2022年9月，中证资本市场法律服务中心累计受理全国30家人民法院等主体的损失测算委托（其中人民法院28家），涉及上市公司虚假陈述案件63起，累计受理损失测算委托300余批次，测算投资者4万人次，测算损失57亿余元。此外，2022年新增委托法院6家，新增案件数18起。

3年来，中证资本市场法律服务中心还为中证中小投资者服务中心在证券特别代表人诉讼的案件筛选、评估阶段提供多轮次的损失测算与数据分析服务，为案件评估提供了关键数据支持。

2. 合作创新，发挥示范引领作用

中证资本市场法律服务中心积极与人民法院开展业务合作，创新维权模式。在与上海金融法院在全国首例示范判决“方正科技案”中，“损失测算+示范判决+纠纷调解”新维权模式的开创，产生了极大的示范引领作用；该案被评为“2019年度人民法院十大民事行政及国家赔偿案件”。在全国首例证券普通代表人诉讼“飞乐音响案”中，为数百名投资者提供损失测算服务有力推动了2019年《证券法》下代表人诉讼制度的及早落地。

中证资本市场法律服务中心探索建立的规范业务模式也产生了积极的示范作用，《损失测算业务规则》、损失测算意见书格式体例被其他损失测算机构借鉴。

3. 业内首制损失测算业务规则，业务开展有依据

2021年，中证资本市场法律服务中心在业内率先制定了《损失测算业务规则》。该业务规则明确了损失测算的定义、定位，对业务委托、受理、实施等全流程进行规范化管理，既有利于管控业务质量，也有利于外界全面了解损失测算业务，为该业务的长远发展提供制度保障。

4. 专业服务铸就良好口碑

专业的服务态度铸就了中证资本市场法律服务中心损失测算业务的良好口碑。目前已收到成都市中级人民法院等5家法院发来的感谢函，感谢中证资本市场法律服务中心为证券群体性纠纷案件审理提供损失测算有力支持，并对中心工作人员尽职尽责的服务态度给予肯定。

(三)损失测算业务优势

中证资本市场法律服务中心损失测算业务所取得的成绩来之不易,是多种因素共同作用的结果。根据市场调研及司法判例,市场普遍认为中证资本市场法律服务中心有以下优势:

一是作为权威的公益性机构,具有公信力;二是算法模型透明、稳定,客观公正;三是业务流程规范,保质高效,服务态度优质;四是不收费,既降低了投资者维权成本,也有利于保持服务的独立性。

(四)损失测算数据分析

1. 业务覆盖全国大部分区域,"北上广深"等发达地区是业务重要来源

损失测算的委托法院遍布全国大部分地区,北至黑龙江,东至上海、福建,南至深圳、广西、云南,西至青海。在法院层级上,已有上海市高级人民法院、四川省高级人民法院、广东省高级人民法院、湖南省高级人民法院 4 家高级人民法院,上海金融法院、北京金融法院 2 家专门人民法院,22 家中级人民法院与中证资本市场法律服务中心建立了损失测算业务委托关系。

上海金融法院、深圳市中级人民法院、广州市中级人民法院、成都市中级人民法院等发达地区法院,在案件数、测算投资者人数、测损金额等指标方面处于前列,是业务重要来源。

在 28 家委托法院中,与中证资本市场法律服务中心(中证中小投资者服务中心)签订诉调对接协议的法院共 18 家,占比为 64.29%。表 2-5-2 为法律服务中心受理人民法院损失测算委托情况统计表。

表 2-5-2 中证资本市场法律服务中心受理人民法院损失测算委托情况统计
(数据截至 2022 年 9 月)

序号	委托法院	案件数	批次数	测算人次	测损(万元)
1	上海金融法院	7	85	5374	57,061.65
2	深圳市中级人民法院	6	27	4474	89,629.81
3	广州市中级人民法院	6	11	704	5625.66
4	成都市中级人民法院	4	21	9064	101,478.55
5	北京金融法院	4	5	689	6066.67

续表

序号	委托法院	案件数	批次数	测算人次	测损(万元)
6	宁波市中级人民法院	4	8	257	1650.89
7	福州市中级人民法院	3	19	1165	62,089.39
8	青岛市中级人民法院	3	42	1166	11,063.73
9	北京市第三中级人民法院	3	5	533	3978.42
10	昆明市中级人民法院	2	7	1593	27,776.55
11	西安市中级人民法院	2	6	2719	31,355.28
12	哈尔滨市中级人民法院	2	8	1584	12,867.51
13	南宁市中级人民法院	2	2	306	1102.89
14	上海市高级人民法院	2	4	205	3886.8
15	郑州市中级人民法院	2	5	806	12.38
16	沈阳市中级人民法院	1	19	4296	74,456.43
17	重庆市第三中级人民法院	1	7	1736	25,998.66
18	石家庄市中级人民法院	1	6	1222	10,705.23
19	西宁市中级人民法院	1	9	335	4794.06
20	广东省高级人民法院	1	4	243	22,729.66
21	厦门市中级人民法院	1	6	317	7449.34
22	四川省高级人民法院	1	1	226	1025.08
23	湖南省高级人民法院	1	2	136	1205.10
24	衡阳市中级人民法院	1	1	96	4723.32
25	汕头市中级人民法院	1	1	44	1793.51
26	南京市中级人民法院	1	1	5	13.02
27	大连市中级人民法院	1	1	3	23.02
28	合肥市中级人民法院	1	1	2	253.18
	合计	62	314	39,300	570,815.79

注:(1)案件数以涉案上市公司数为准,但有3起案件存在省高级人民法院和中级人民法院同时委托的情况,为避免重复统计,表中将总案件数去重统计。

(2)因绝大多数委托法院及案件存在跨年度多批次委托情况,故法院数和案件数不等于其历年数量的简单相加。

2. 法院数、案件数及委托人数等指标连年高速增长

2020 ~ 2021 年,委托法院数年增长率分别达 44% 、38% ;受理案件数年增长率分别达 29% 、72% ;委托投资者人数年增长率分别达 152% 、124% ;测算损失金额年增长率分别达 315% 、58% 。图 2 - 5 - 2 为 2019 ~ 2021 年委托法院及案件受理情况一览;图 2 - 5 - 3 为 2019 ~ 2021 年委托人数及测算损失情况一览。

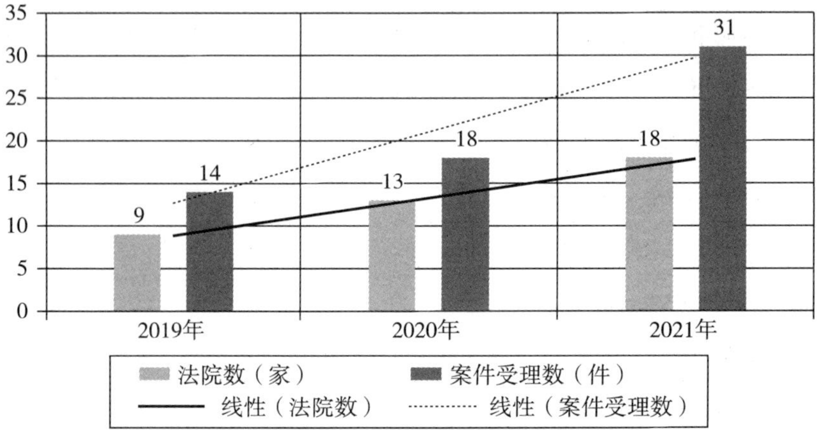

图 2 - 5 - 2　2019 ~ 2021 年委托法院及案件受理情况一览

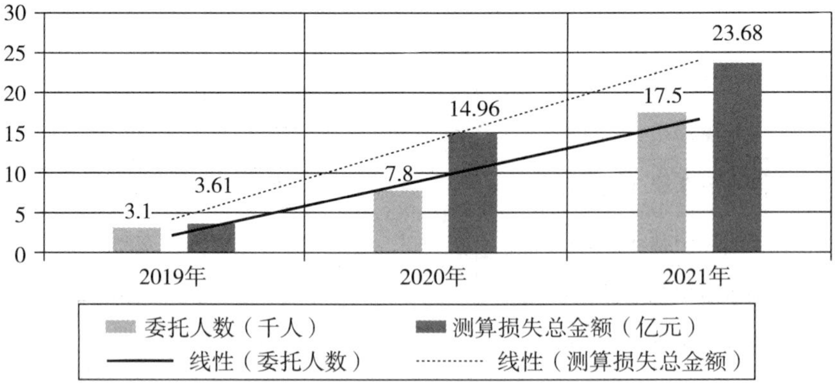

图 2 - 5 - 3　2019 ~ 2021 年委托人数及测算损失情况一览

3. 受理批次、委托人数总体呈逐年逐月增长趋势

首先,从每年的年初至年末,月受理案件批次数、委托人数指标总体上呈现上升趋势;其次,月受理案件批次数、委托人数指标同比总体保持增长态势;再次,下半年案件受理批次数、委托人数指标显著高于上半年,其中每年年中、年末是两个高峰期。图 2 - 5 - 4 为 2020 ~ 2021 年月受理案件批次情况一览;图 2 - 5 - 5 为

2020～2021 年月委托人数情况一览。

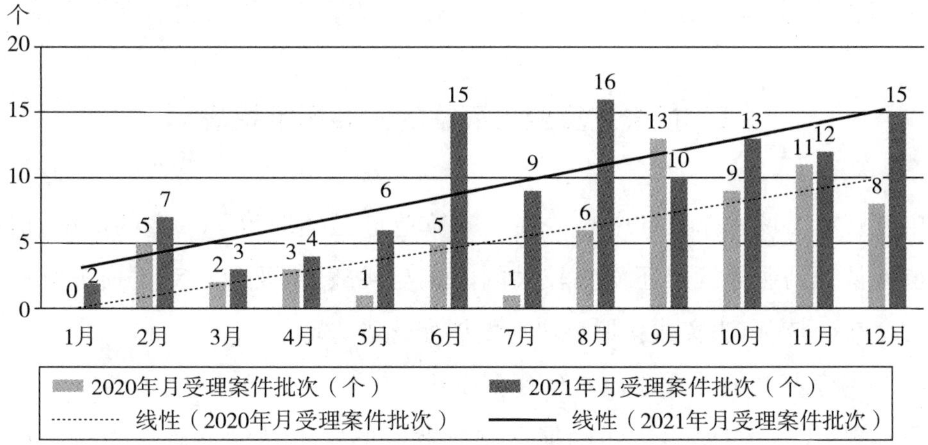

图 2－5－4　2020～2021 年月受理案件批次情况一览

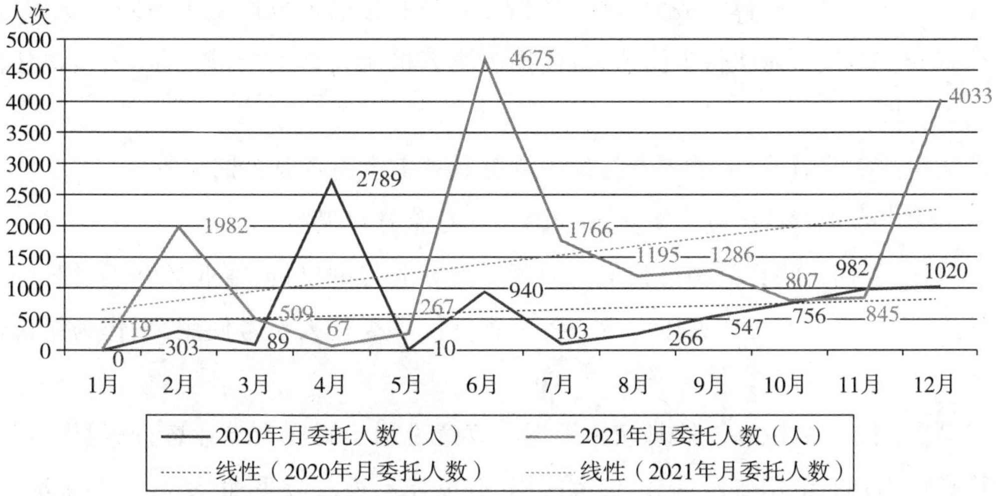

图 2－5－5　2020～2021 年月委托人数情况一览

4. 损失测算意见被法院采纳比例较高

2019～2021 年，在中证资本市场法律服务中心提供损失测算的案件中，除部分案件尚未作出判决等情况外，在已作出判决的 31 起案件（通过跟踪调查统计）中，有 27 起案件判决采纳了中证资本市场法律服务中心出具的损失测算意见，采纳比例达 87%。

5. 助力中证资本市场法律服务中心打造“一站式”纠纷化解平台初具成效

截至目前，已有辽宁省大连市中级人民法院等 8 家法院就“獐子岛”等 8 起证券虚假陈述纠纷案件同时委托中证资本市场法律服务中心进行损失测算和纠纷调解,为打造中证资本市场法律服务中心“一站式”纠纷化解平台提供有力支持。

三、损失测算业务面临的主要困难挑战

中证资本市场法律服务中心的损失测算业务虽然取得了一定的成绩,但我们也清醒地认识到业务发展还面临较大的困难与挑战,主要包括对于损失测算业务的定位存在分歧、司法实践新形势快速发展变化等方面。

(一)对于损失测算业务的定位存在分歧

我国现行法律制度尚未明确损失测算业务的定位及性质。作为新出现的业态,各损失测算机构基于自身定位建立了不尽相同的服务模式。人民法院及当事人等主体根据损失测算业务服务模式内容,对该业务的定位产生了不同的认识,这种认识分歧不仅给司法带来困惑,也使损失测算机构在诉讼中的地位、风险责任面临不确定性。

从司法实践看,大多数观点将损失测算业务定位为专业咨询服务。

1. 大多数观点认为损失测算属于第三方专业咨询服务

首先,各损失测算机构自我定位为第三方专业咨询机构,在业务开展过程中向委托人声明,损失测算意见作为专业咨询意见仅供委托人参考使用,不作为结论性判断。

其次,绝大多数法院、律师认为损失测算意见属于第三方专业咨询意见。损失测算意见不具有证据属性,仅供参考使用,有可能不被法院采纳;法院若要采纳,必须在判决书中结合案情,对损失测算意见进行充分说理、释明,证明算法科学、公平、合理。山东墨龙案、中兵红箭案等众多案例均体现了这样的观点。

再次,从《适用虚假陈述司法解释通知》可以推定,最高人民法院将投资者保护机构出具的损失测算意见作为专业咨询意见对待。

最后,根据现行法律制度,除从事证券投资咨询等特定领域需要依法取得资质外,从事其他领域的专业咨询服务无须取得资质。因此将损失测算业务定位为专业咨询服务不违反现行法律制度。

2. 有观点将损失测算业务参照鉴定业务对待

虽然目前尚无明文规定或司法判例将损失测算意见定为鉴定意见，但由于出具损失测算意见的行为模式从表面上看与鉴定行为有一定相似性，有个别法院、当事人将损失测算意见参照鉴定意见，并援引《中华人民共和国民事诉讼法》关于申请鉴定的相关规定，要求损失测算人员承担出庭对质等鉴定人义务。

然而，当前损失测算机构、损失测算人员均无鉴定资质。而依据我国司法鉴定相关管理规定，损失测算业务并不在法定鉴定事项范围内，损失测算机构、损失测算人员也不可能取得所谓的鉴定资质。因此，将损失测算业务参照鉴定业务对待于法无据，也不符合该业务初衷。

3. 有观点将损失测算人员看作“专家辅助人”

有观点认为，损失测算人员属于我国民事诉讼法所规定的“具有专门知识的人”，也就是“专家辅助人”，即在科学、技术以及其他专业知识方面具有特殊的专门知识或者经验的人。通常认为，专家辅助人的选任条件较高，甚至高于司法鉴定人的选任条件。

我们认为，损失测算人员不属于专家辅助人，且与专家辅助人区别迥异：(1)损失测算人员无独立性，一般受所在机构指派并代表机构从事损失测算活动，行为后果由该机构承担，而专家辅助人具有独立性，独立发表意见；(2)损失测算主要由人民法院依当事人申请，或依职权委托，损失测算意见中立性较强，但专家辅助人由当事人各自出资申请，其发表的意见视为当事人陈述，中立性较差；(3)一般而言，损失测算人员的社会地位、声望等方面不如专家辅助人。

4. 有观点将损失测算业务看作证券业务评估

这种观点也是值得商榷的。根据《财政部　证监会关于从事证券期货相关业务的资产评估机构有关管理问题的通知》，资产评估机构从事证券业务，应当按照该通知规定取得证券、期货相关业务评估资格(以下简称证券期货评估资格)。由上述规定可知，从事证券业务评估首先要具备资产评估机构资质，然后再依法取得证券评估资格资质。目前所有损失测算机构均未取得证券评估资格。

(二)司法实践新形势快速发展变化

一是证券侵权民事赔偿相关司法解释不断完善，针对各类侵权行为的损失计算标准逐渐得到明确，例如《虚假陈述司法解释》不仅修正了基准日的计算规则，明确了机构等多账户投资者的损失计算方法,而且新增了诱空型虚假陈述算法;二是随着司法改革的深入推进,案件审理向精细化、专业化发展,市场风险因素扣除要求越来越精准,债券虚假陈述、操纵市场等民事赔偿案件逐年增多,亟待损失测算机构发挥更大的专业性作用。

在上述形势背景下,中证资本市场法律服务中心损失测算业务的规模逐年快速增长,给该业务带来较大的压力和挑战。据统计,损失测算业务案件受理量、测算人次等指标年均增长超过50%,部分指标增幅达100%以上。尽管损失计算系统的运算效率在不断提高,但是损失测算工作绝非仅仅将交易数据导入系统计算这么简单。损失测算业务具有"委托批次多,批次人数少,退回补正比例高、沟通成本大"的特点,其中"退回补正"主要涉及委托人提供的交易数据不完整、不符合格式要求,或者委托书格式不符合要求等问题。在日常工作中,业务受理、实施环节的申请委托资料(数据)审核、问题反馈、沟通解释、疑难问题处理、回复当事人质证意见等大量工作仍依赖人工完成。

司法实践新形势的快速发展变化对市场各损失测算机构的专业能力建设、人力资源配置等方面都提出了更高的要求。

四、损失测算业务发展规划

(一)坚持损失测算专业咨询服务定位

中证资本市场法律服务中心坚持损失测算专业咨询服务定位。这既是创立损失测算业务的初衷,也具备充分的制度依据和实践依据,是该业务可持续发展的保障。

1. 制度依据。首先,目前国家尚未明文规定损失测算业务的定位,将该业务定位为专业咨询服务不违反现行法律制度;其次,从《适用虚假陈述司法解释通知》可推定,最高人民法院将损失测算意见定性为专业咨询意见;最后,中证资本市场法律服务中心《损失测算业务规则》明确将该业务定位为公益性的专业咨询服务。

2. 实践依据。如前文所述,在司法实践中,将损失测算定位为专业咨询服务已取得大多数共识。损失测算方法由委托人在委托书中指定,测算意见仅供委托人参考,不做结论性判断,允许当事人质证,最终由法院独立判断后决定是否采纳。

综上,中证资本市场法律服务中心将坚持损失测算业务专业咨询服务定位和公益属性,在力所能及的条件下“把好事办好”。

(二)整合资源,加强前沿理论研究

法律服务中心将整合、利用现有一切资源,加强理论研究力量。一是整合中心青年骨干资源,成立理论研究小组,以专项课题等方式开展损失测算业务前沿理论研究,为业务拓展奠定理论基础。二是用好外部资源,发挥专家参谋作用,对于业务发展中的重大疑难复杂问题和前沿理论问题,可向司法机关、中国证监会系统单位、证券服务机构等专业人士获取专业意见。

(三)循序渐进,推动损失计算软件算法功能不断升级

随着司法实践的不断发展,法律服务中心损失计算软件也将与时俱进,不断升级算法,完善功能。从长远看,要加强对司法实践迫切需求的侵权行为损失计算模型研究,在论证充分、条件成熟的基础上,推动损失计算软件技术升级,逐步扩大损失测算业务的受理案件范围,更好地服务投资者保护大格局。预计 2023 年法律服务中心将着手损失计算软件 3.0 版本的升级开发工作。

(四)积极呼吁,完善损失测算行业顶层制度建设

完善顶层制度建设是行业健康有序发展的保障。要积极呼吁相关职能部门制定损失测算业务开展的指导意见,明确业务定位、业务实施、业务合作交流等重要事项,促进行业规范化发展。